Global Management from
Risk Management Perspective

リスクマネジメント
視点の
グローバル
経営

—日本とアジアの関係から—

［編著］
上田和勇

［著］
小林　守・髙野仁一・岩坂健志・池部　亮
田畠真弓・助川成也・小林　慧

同文舘出版

序
グローバル・ビジネスにおける
リスクマネジメントの視座と本書の構成

Ⅰ 会社とリスクマネジメントの理解

　会社は商品・サービスのアイデアを必要な原材料やサービスにより商品化し，それを流通・販売するとともに，財務や投資を行い，関係者を幸せにする継続的組織体です。この一連の行動は，グローバル・マーケットをメインターゲットとする企業も，国内マーケットをメインターゲットとする企業も同じです。こうした行動をスムーズに行うには次のような点を予測・発見し，必要な事前対応を考慮しておく必要があります。

① 一連の行動にはチャンスのみならず常に**リスク**（損失とチャンスの不確実性）が潜んでいる点（例えば原材料の入手困難，価格設定のミス，ニーズに合わない商品による損失の可能性とともに売上の不確実性，投資成果の不確実性，規制の変化などによる利得と損失の双方の可能性）。

　この点は全ての企業はリスクとチャンスに取り囲まれ，リスクマネジメントとチャンスマネジメントの巧拙が企業成果に直結しているということを示しています。

② 全ての行動に携わる社員の動機やモチベーションの低下（例えば職場での過剰労働，競争上のプレッシャーによる疾病，労災事故，社員や家族の病気など）

　この点は企業行動を動かしているのは人であり，その主人公である社員に注目した見解です。マーケティング活動も経営行動も企業トップと社員の気持ち，動機などの，心理的，肉体的，社会的健康により左右されるという点を見過ごしてはいけません。いいアイデアを商品化していく能力やスキルは現場の社員の自由闊達なコミュニケーション，楽しく明るい職場から生まれ，それは社員一人ひとりの心理的，肉体的そして他のステークホルダーとの社会的健康から

生まれます。

①はまさにリスクマネジメントの問題ですし，②は人的資産のマネジメントの問題で，会社はこうした諸問題に一体となって同時に対応しなければなりません。

本書はタイトル『リスクマネジメント視点のグローバル経営―日本とアジアの関係から―』からもわかるように，リスクマネジメント視点からグローバル経営の問題を検討します。**リスクマネジメント**とは「リスクがもたらす損失の最小化と潜在的な好機を現実のものにするための文化，プロセス，構造」をいいます。言い換えればリスクには損失を与えるリスク（マイナス・リスクあるいは専門的には純粋リスクといいます）と，損失とともに利得の可能性も秘めている投機的リスク（チャンスといってもいいでしょう）があります。損失は最小化させ，チャンスは多く作り，利得に結びつける継続的努力が必要です。

Ⅱ リスクマネジメントの目的と役割の進化

ビジネスにおけるリスクマネジメント（以下，必要に応じRMと表記）の目的はどういうリスクを対象とするかにより異なります。損失のみを生じさせる**純粋リスク**（例：火災，事故，不正他）を対象とする場合は，リスクマネジメント活動の目標はリスクによる損失の予防，最小化そして転嫁（保険契約による転嫁など，但し，不正や倫理リスクの転嫁はあり得ない）です。

一方，損失と同時に利得をも含む**投機的リスク**（例：金融リスク，戦略リスク，人材採用リスク他）の場合は，リスク回避（リスク負担をしないし，リターンも欲しない），そしてリスク負担時の損失に対しては，その最小化や転嫁を図るとともに，利得に関しては投機的リスク負担によるリターンの最大化を目標とします。このリターンの中には売上，収益，市場占有率などの経済的リターンを目標とすることがこれまでの典型的な目標でした。

RM活動の対象が純粋リスクであれ，また投機的リスクであれ，アウトプットされるRM活動成果に注目すると，それは前述の損失額，事故率，売上，市場占有率などの経済的指標が中心的指標でした。そこでは活動の担い手の社員のモチベーションや成長などの非経済的な要素についてのマネジメントがブラ

ックボックスとなっており，そのマネジメントが軽視されてきたのです（**図表序-1**）。

図表序-1　リスクマネジメントの役割と目的の変化

＜企業の純粋リスクを対象＞

インプット		アウトプット
RM 活動 →	防止，軽減，転嫁 ＋ 人的資産管理 →	損失額，事故率，売上，市場占有率他 ＋社員（利害関係者，家族を含む）のモチベーション，満足度，成長などのWell-being 要因

＜企業の投機的リスクを対象＞

インプット		アウトプット
RM 活動 →	回避，防止，軽減，転嫁 ＋ 人的資産管理 →	損失額，事故率，売上，市場占有率他 ＋社員（利害関係者，家族を含む）のモチベーション，満足度，成長などのWell-being 要因

注　：＋の意味はこれからのRM目標に，人的資産管理を付加する必要があることを示している。

　これからのRM活動においては，投機的リスクの場合は勿論，純粋リスクにおいてさえも，リターンの中に経済的指標のみに限定するのではなく，さらにはそこで働く社員（利害関係者，家族などを含め）のモチベーション，職場での満足度，離職率，社員の成長など質的でソフトな指標にも注目し，改善を図るリスクマネジメントが重要です。なぜならば企業を動かすのは社員やその関係者であり，リスクの直接的あるいは間接的原因が特に内部にある場合にはなおさらこうした人々を対象にしたリスクマネジメント活動がリスクマネジメント効果のみならず企業経営全体の価値向上に結びつくからです。

　こうした考え方に同調するのが近年いわれている社員の心や満足，幸福感に

も焦点を合わせる Well-being 経営です。企業における Well-being 問題について
は近年，何人かの論者が検討していますが[1]，筆者の Well-being 経営の定義やコ
ンセプトは次のものです。

　「**Well-being 経営**とは，社員の身体的，精神的，社会的健康などの増進を通
　した幸福感の醸成を企業の重要な経営課題と捉え，社員他の満足度やモチベ
　ーション向上を図ると同時に，結果として企業価値向上にも結びつけ，統合
　的に捉えようとする経営手法です」。

　そのためには，会社および社員が関わるリスクを最適化し（前述のマイナス・
リスクによる悪影響は最小化し，リスク評価をした上でリスク負担をしチャン
スの可能性を最大化すること），社員の持つ潜在的能力を最大化させ，幸福感
を醸成する企業文化やマネジメント・プロセスが必要です。

　本書ではこうした Well-being 経営問題についても検証していくとともに，グ
ローバル・ビジネスにおけるリスクマネジメント問題について検討します。

Ⅲ　グローバル・リスクとマネジメント

　グローバル企業そしてドメスティックな企業も，社員やステークホルダーを
大切にし，関係者を中長期的に Well-being にすることを志向すべきなのですが，
現実には競争リスクの中で様々なリスクにさらされています。

　グローバル企業にはドメスティックな企業とは異なる固有のリスクがありま
す。例えば地政学リスク，規制を含む政治リスク，異文化リスクそして技術お
よび人材流失のリスクなどがその典型です。悩ましいのはこうしたリスクが一
緒になってリスクを拡大させる場合があることです。例えば中国と台湾の地政
学リスク，政治リスクと技術流失のリスク問題などがそうです。

　異文化リスクに関しては，日本の輸出入国の上位8か国はアジアの国であり，
進出先においては外国人労働者とともに企業経営を動かし，国内企業において
も外国人労働者の73%はアジアの人々です。アジアといっても国により多様な

---

1 前野ほか［2018］；前野［2019］；近藤［2020］；本田［2021］；上田編著［2021］。

iv

文化，商習慣，価値観を有しており，そうした違いが顧客行動，現地社員との価値観や慣習などを見誤る場合があり，日本人と同一視することはできません。

　異文化リスクの中に含めて考えられるリスクともいえますが，企業の倫理リスクの問題もあります。例えば賄賂などの問題についても国により倫理観や行動規範などに微妙な差異があり，法律的には好ましくない行動ではありますが競争リスクの中でビジネス行動を遂行するため日本人企業家に多くのプレッシャーを与えることが多いのです。

　またアジアは世界でも**自然災害リスク**が多発化しているエリアでもあります。自然災害リスクの発生頻度と災害がもたらす影響度の両面から見て非常に高くなっているのが，日本を含めアジアの国々なのです。この面でもアジア諸国は特に自然災害リスクへのマネジメントを怠るわけにはいけません。

　こうした様々なリスクが日系企業の現地と本社におけるガバナンス，サプライチェーン，商品開発，投資活動などの諸活動に影響を与え，そのマネジメントの巧拙により経営成果にプラスとマイナスの結果が出てきます。

Ⅳ　本書の構成

　本書は序章と5本の柱，そして11の章と終章で構成されています。

1　グローバル経営における人的資産と協力関係のリスクマネジメント

　企業は様々な資産でできていますが，最も重要な資産は商品サービスのアイデア，開発，生産，販売，流通，投資活動などに携わる人的資産としての社員です。第1の柱では人的資産のリスクマネジメントを社員のWell-beingを向上させることの重要性などの視点から検討します（**第1章**）。また企業間同士のパートナーシップが企業価値を大きく変動させることになり，グローバル企業のパートナーシップ問題について検討しています（**第2章**）。

2　グローバル経営におけるガバナンス

　グローバル化の進展そして近年の様々なリスクの発生に伴い（コロナ禍におけるサプライチェーンの混乱，異常気象による食料の不作，脱炭素に向けた資

源・エネルギー需要の急激なシフト，ロシアによるウクライナ侵略の影響や地政学リスクによる資源配分の分断化など），企業にはこれまでにない視点でのガバナンスが必要となります。企業の大規模化，多国籍化そしてグローバル化の歴史的進展の中で，特に国境を越えたM&Aのリスクマネジメントの巧拙が企業価値に多大な影響を与えます（**第3章**）。

　またそうした進展の中で関係者を幸せにする企業はアジアの多様性や国際化の段階の違い，そしてアジアの発展を目指した社会的責任経営を志向するリスクマネジメントをどのように展開するべきかを検討します（**第4章**）。

3 グローバル経営におけるオペレーショナル・リスクマネジメント

　商品・サービスは材料，部品他でできており，それらが複数の国境を越えて一つの商品・サービスを構成し，提供されているのが現実です。そのため，それらの国際的な供給網，すなわち**グローバル・サプライチェーン**のリスクマネジメントが重要となります。そこに政治的リスクや地政学リスクその他のリスクが混在してきます。こうした問題を，アジアの事例を含めどういう考え方でグローバル・サプライチェーンのリスクマネジメントを進めていくかについて検討します（**第5章**）。

　日本企業が海外企業と業務提携，資本提携，戦略提携を行う**グローバルアライアンス**においては様々なリスクとチャンスのマネジメントが必要です。アライアンスの意思決定は経営者同士で行われますが，日々のオペレーションは現場の人間であり，人間の行動を規定する感情や文化の問題が関連してきますし，大企業同士のアライアンスの場合，政府の政策に影響を受けやすいため，政治リスクの影響も受けます。いくつかのアジアの事例でグローバルアライアンスのリスクマネジメントを検討します（**第6章**）。

　アジアにおける**地政学リスク**の典型が台湾と中国の問題です。台湾の半導体業界は技術流失のリスクを地政学リスク，政治リスクそして経営者の考え方の影響を受けてきた事実があります。そうした状況の中で市民他によるサーベイランスが強力に作用する市民参画型のリスクマネジメントが論じられます（**第7章**）。

4 業種別グローバル・ビジネス・リスクマネジメント

リスクマネジメントは危機やリスクをマネジメントにより軽減・最小化したり，リスク負担によりリターンを最大化させたり，リスクを転嫁したり，リスクを予防する思考やプロセス，構造をいいますが，危機発生後，元の状態あるいはより良い状態に戻る力，つまり**レジリエンス**を醸成するものでもあります。

リスクの大きさや影響は商品により，言い換えますと業界により異なり，競争の状況も業界により異なります。ここでは危機に直面した日本の電子部品や製造装置メーカー等の川上産業がグローバル市場である台湾に進出し，サプライチェーンにおける顧客喪失のリスクを転機に変えたレジリエンスについて検討します（**第8章**）。

グローバル化の中で国をまたいだ人々の往来はビジネス目的であれ，個人の旅行であれその頻度が増加していますが，一方ではパンデミック・リスクや地政学リスクの発生も現実に生じています。観光立国を目指す日本の旅行業界は従来の旅行に関わる手続き代行のビジネスモデルから様々なリスクに対して脆弱な観光業の現実を直視しつつ，旅行者の多様化しつつあるニーズも踏まえたコンサルティング・サービスの拡大が求められています。グローバル化とローカル化の中での旅行業界の新たなビジネスモデルの検討が行われています（**第9章**）。

5 グローバル・ビジネス・リスクマネジメント視点からのアジア貿易・投資

日本企業にとり海外投資の重要性はいうまでもありませんが，日本企業の利益，複数の貿易相手国の利益，相手国間・地域間の利益など多くの要因を踏まえた協定が出てきました。全体最適を求めるWTA，地域間の最適を求めるFTA，地域の包括的な連携を求めるRCEPなどがそれです。それとともに国際経済秩序の変化，さらには米中の対立，欧州の思惑など世界的分断の様相の中，効率化視点からのサプライチェーンのリスクマネジメントのみならず，経済安全保障の視点からのリスクマネジメントの重要性も指摘されています（**第10章**）。

グローバル経営では経営資源の最適化のため，「本社と海外子会社間の取引の問題」，「市場経済化政策と工程間分業の問題」，「海外拠点の人的問題」が重

要な課題となります。特に人的資産のマネジメント問題は最重要で，ここでは
ベトナムにおけるインタビュー調査などを基にした提言，地政学リスクを踏ま
えたサプライチェーンの在り方の再考，本社と現地とのコミュニケーションの
強化や教育体制の問題などが指摘されています（**第11章**）。

終章 | グローバル・ビジネスにおけるWell-beingカンパニーの事例と示唆

　リスクマネジメントの重要な成果として社員をはじめとする利害関係者の
Well-beingを指摘するとともに，そのWell-being経営の構成要因について分析
します。次にグローバル・ビジネスにおけるWell-being経営の事例として３社
について検討します。そして各事例におけるWell-being経営要因の共通項につ
いて注目し，それをWell-being経営の本質と捉え，日本企業全般への示唆を示
しています。アジアのみならず世界に範を示すことのできる，人を大切にし，
社員を成長させるリスクマネジメントとしてのWell-being経営の要因と実態を
展開しています。

参考文献

上田和勇編著［2021］『復元力と幸福経営を生むリスクマネジメント』同文舘出版。
近藤宣之［2020］『中小企業の新幸福経営』日本経営合理化協会出版局。
前野隆司・小森谷浩志・天外伺朗［2018］『幸福学×経営学—次世代型日本組織が世界を変える—』内
　　外出版社。
前野隆司［2019］『幸せな職場の経営学』小学館。
本田幸大［2021］『幸せな会社の作り方』扶桑社。

目次

第 2 部
グローバル経営におけるガバナンス

第3章　グローバル経営の多様性リスクとガバナンス

第4章　グローバル経営における CSR とリスクマネジメント

第 **3** 部

グローバル経営におけるオペレーショナル・リスクマネジメント

第5章　アジアのグローバル・サプライチェーンとリスクマネジメント

第6章　グローバルアライアンスとリスクマネジメント

第9章　アジアの旅行業とリスクマネジメント

第5部

グローバル・ビジネス・リスクマネジメント視点からのアジア貿易・投資

第10章　アジアのFTAの現状とリスクマネジメント

第 **1** 部

グローバル経営における
人的資産の
リスクマネジメント

第 1 章

社員のWell-beingの
リスクマネジメントと経営管理

■本章で学ぶこと■

　企業は外部環境変化の一つであるグローバル化の波の中で，これまでにない新たなリスクやチャンスに直面しています。それだけに企業の内部資産を活用しながら柔軟に適応する能力が企業に求められています。企業資産で最も重要な資産は人的資産であり，社員や利害関係者の自由で闊達なコミュニケーションが企業のチャンスと持続可能性を高めます。

　グローバル企業そして国内マーケットを主なターゲットとしている企業であっても，社員の健康問題，自分や家族の幸福，職場での働きがいなどを常に求めています。最近の経営モデルの中に社員の健康問題を配慮することで生産性や投資リターンを伸ばす「健康経営」の考え方，そして単に身体的，心理的健康のみならず社会的健康，言い換えれば同僚や利害関係者との関係においてWell-beingな状態を志向する「Well-being経営」の考え方も出てきています。

　本章ではこうした社員の側面に注目して，新しい職場でのモチベーションやWell-being，そして全社的な生産性をも向上させる思考と方法論について学んでいきます。具体的には社員の健康とWell-beingの視点から，社員の人的資産のリスクマネジメントの検討を①健康経営の現状と課題，②Well-being経営の分析・評価そして事例，③Well-being経営による人的資産のマネジメント・プロセスの提言の点から行います。

■キーワード■

　グローバル企業，異文化理解，人的資産，心理的安全性，健康経営，健康経営優良法人制度，社会的健康，Well-being経営，異文化理解とWell-beingを生むための経営管理プロセス

はじめに

　2019年以降の新型コロナウイルス感染症（Covid-19）による世界的なパンデミックは人類そして企業にとり重大なリスクであり，今後もwith/afterコロナを踏まえ，企業には様々な対応が求められています。企業が優先して着手が必要なリスクは疫病の**パンデミック・リスク**，人材の流失と雇用そして原材料の入手と価格変動問題です。2020年2月のジェトロ調査（「2019年度日本企業の海外事業展開に関するアンケート調査」）でも，特にグローバル経営を志向している企業の最大の課題は海外ビジネスを担う人材の問題であり，日本人社員のグローバル人材の育成と外国人の採用であることが指摘されています。

　外国人社員や日本人スタッフの職場での心理的安全性を高め，人材の流失を最小化し，雇用の確保をしていくには，海外進出した日系企業が現地の消費者，現地社員との慣習，価値観などのいわば文化の違いを理解することも必要ですが，現地社員の肉体的，心理的そして**社会的健康**（同僚や利害関係者と建設的で良い関係を築けること）の醸成の中で，社員のWell-beingな状態を作ることがより重要で基本的な要件となり，進出国の関係者と進出企業との間での友好でgood businessを行う土壌となります。

　本章ではこうした問題を「健康経営」そして「Well-being経営」と関連づけて，それらの異同，健康経営の課題，Well-being経営の近年のルーツと課題，Well-being経営の事例と社員のWell-beingの構成要因，異文化理解とWell-being醸成を経営に組み込むプロセスについて検討します。

Ⅰ　現状・実態

1　社員への投資である健康経営へのアプローチ

　健康経営とは経済産業省の「健康経営の推進について」（2022年6月）によれば，「従業員等の健康保持・増進の取組が，将来的に収益性等を高める投資であるとの考えの下，健康管理を経営的視点から考え，戦略的に実践すること」となっています。要するに経営管理と社員の健康管理とを統合的に捉えるアプ

ローチといえます。こうした考え方は既に1991年のアメリカの臨床心理学者 Robert Rosen の『The Healthy Company』で次のように示されています。

「この概念は個人の健康と企業の収益性を結びつけるものであり，またこれ ら二つの重要な目標の橋渡しをするものである」[1]。

日本では2016年から経済産業省の**健康経営優良法人制度**の認定制度を設けて いて，2021年度では大規模法人部門で2,299社，中小規模法人で12,255社がこの 認定を受けています。

健康経営の目的の一つが「将来的に収益性等を高める投資」でしたが，この 面における評価を先の調査結果でみると次の効果があるようです。

・2020年の離職率は全国平均10.7％に対し，健康経営優良法人では4.9％と半分 以下。

・健康経営銘柄2021に選定された企業の平均株価とTOPIX（東証株価指数） の推移を，2011年9月～2021年9月の10年間で比較。銘柄に選定された企業 の株価はTOPIX（東証株価指数）を上回る形で推移（**図表1-1**）。

図表1-1　健康経営と企業業績・株価の関係性

注1：2011年9月1日を基点1.000とし，2021年9月1日までの各月1日時点の各社の終値から指数を 作成。
注2：新規上場など，基点のデータがない4社は除いている。
出典：経済産業省（2022年6月）「健康経営の推進について」45頁。

---

1 Rosen［1996］（宗像監訳［1994］29頁）。

　健康経営優良法人を対象とした2019年実施の経済産業省の前述の調査では健康経営を実施した結果，社員には「健康への関心・意識向上」，「健康を意識した活動が増加」が上位にあり，健康経営が社員の身体面での健康に及ぼす影響のみにとどまっている印象を持ちます。今後，健康経営が実施企業の全体的価値の向上に結びつくようにするには，本章の第Ⅲ節で検討するような施策が望まれます。

▊2▊　健康経営の課題

　Well-being経営と健康経営とはどう違うのでしょうか。「Well-being経営とは，社員の身体的，精神的，社会的健康などの増進を通した幸福感の醸成を企業の重要な経営課題と捉えると同時に，収益性向上にも結びつけ，統合的に捉えようとする経営手法」です。そのためには，会社および社員が関わるリスクを最小化し，社員の持つ潜在的能力を最大化させ，幸福感を醸成する企業文化やマネジメント・プロセスが必要となります。

　つまり単に身体的健康のみではなく，職場での仲間やサプライチェーンとの関係，顧客との関係などステークホルダーとの関係の中でのモチベーションや幸福感の醸成が重要課題となります。

▊3▊　Well-being経営の近年のルーツ

（1）稲盛和夫の京セラ

　ところで，Well-being経営の思考は日本の企業においてこれまでもありました。次にこの点を企業理念に限定して管見します。

　1932年生まれの稲盛和夫氏は，1959年には京都セラミック（現・京セラ）を設立，電子・産業用総合部品メーカーとして成功させ，さらにはその後，通信事業KDDIも成功，近年ではJALの再建も成功させました。

　京セラのウェブサイトでは，社是・経営理念を明確にし，次のように示しています。「全従業員の物心両面の幸福を追求すると同時に，人類，社会の進歩発展に貢献すること。」このような稲盛の経営哲学とその手法（アメーバ経営など）には「社員の幸福の追求」という理念をスタートとして，Well-beingの醸成に結びつく要素があります。

（2）塚越　寛の伊那食品工業

　伊那食品工業は長野県伊那市にある1958年創業の寒天の製造販売を中心とする会社で，従業員は475名（2020年），年商197億円（2019年）の会社です。現在，同社の最高顧問である，塚越　寛氏が創ってきた会社といえます。

　伊那食品工業は，「会社の存在意義は人々の幸せの追求にある」との経営理念に基づいた経営を実践し，48期連続増収増益という超長期成長を実現させています。

　幸福経営あるいはWell-being経営を実践し，かつ生産性も上げている同社には日本の大手企業の経営者も教えを乞うために訪問しているとのことです。

Ⅱ　分析・評価

1　これまでのWell-being経営の課題

　前述の有能な先見の明のある経営者の強力なリーダーシップにより，Well-being経営に関する理念，ビジョンが設けられ，それは経営者自身の過去の経験や苦労から生み出されたものです。ただ，理念の具現化と継承という点については，次の点で不明瞭さと不安定さが残るのではないでしょうか。

　Well-being経営の理念に関する具体的指標，評価軸が不明瞭であり，したがってWell-being経営が社員のモチベーション向上に与える効果や経営全般のパフォーマンスに与える効果，そしてその利害関係者への情報開示という側面では課題を残しています。

　この点について付言すると，社員の幸福感ファーストの効果が経営全般の問題，例えば売上，収益，評判，社員満足度，顧客満足度，労災事故，商品の品質管理，イノベーション，退職率などの側面への影響を評価し，それを社会に情報開示するところまで進むことが望ましいといえます。またそのことで後継者たちにも具体的にWell-being経営の持続化を可能とさせる施策が立てやすくなります。こうした点を克服しつつある企業が次に検討する三谷産業です。

2　Well-being経営の現代的事例

　三谷産業株式会社は創業1928（昭和3）年の化学品や樹脂製品を扱う老舗商

図表1-2　三谷産業のCompany Well-being Indexの概要

	2020年度実績	2021年度目標
Ⅰ．事業基盤の部 （事業価値への貢献と社員への貢献）		
・社員エンゲージメント・スコア		準備中
＜社員への貢献＞ 所定時間外労働時間 （月間1人当たり平均，管理職）	71時間	62時間未満
所定時間外労働時間 （月間1人当たり平均，非管理職）	37時間	45時間未満
育児休業取得率	男性100%，女性100%	男性29%，女性100%
入社後3年間の定着率（新卒採用）	90%以上	86%
入社後3年間の定着率（キャリア採用）	80%以上	96%
奨学手当，社員子女育英資金および 海外駐在員子女向けの教育費の 支給総額と対象社員数	―	支給総額：約53百万円 対象社員数：70人
＜品質マネジメント＞ 品質目標達成割合 ［達成目標項目数／目標項目総数］	80%以上	89%
不具合の再発率【各部門】 ［当該部門での再発件数／当該部門での再発 防止策適用数］	0%	0%
不具合の再発率【全組織】 ［共有案件と同一モードでの不具合件数／共 有案件数］	0%	0%
＜安心安全＞ 労働災害の発生件数	0%	0%
Ⅱ．事業変革の部 　新規ビジネスの創出に向けた新たな取り組 みに関するニュースリリース件数	12件以上	11件
Ⅲ．公益事業の部 公益事業に投じた金額	―	約1億4500万円
公益事業活動	―	フェイスシールドの 寄贈，マスクフック の製作および ベトナム医療機関等 への寄贈，被災地支 援活動，公益事業を 目的とした財団への 寄付他

出典：三谷産業株式会社ウェブサイト参照（2022年6月20日閲覧）

社で，首都圏，北陸地区，ベトナムを主要拠点に六つの事業を展開する老舗総合商社です。社員数は（連結）3,540名，（単体）564名（2021年3月末時点）であり，同社の理念は「お客様にとっての最適を追求すること。あるいは，社員との信頼関係を大切にし，安心と働きがいのある職場環境をつくること」で，これらは全て三谷産業が創業以来，目指し続けてきたものです。

　筆者が同社に注目している理由の一つは，2021年6月から「Company Well-being Index」を策定し，実行している点です。その理由として同社ウェブサイトでは「長期的な視野で"良い会社"であり続けるために，企業活動の財務的側面と両輪をなす非財務的側面における経営指標として新たに「Company Well-being Index」を策定したという点です。この「Company Well-being Index」がまさにWell-being経営の指標です。

　三谷産業は公式ウェブサイト上にページを開設し，様々な企業活動を「事業基盤の部」，「事業変革の部」，「公益事業の部」の三つの観点で捉えて指標を設定し，各指標についての年度ごとの実績と目標を公表しています。その概要を示したのが，**図表1-2**です。

　同社のプレス・リリース資料によれば，SDGsを標榜するよりも，自社の考え方をまとめた「Company Well-being Index」を公開することを選択。それは，長年にわたり育まれてきた自社の価値観や理念に基づき社会貢献する姿勢を引き継いでいくことにより，企業グループとしての継続性や一貫性，あるいは社会的な経済合理性といった観点から，今後も永続的に有意義な活動を推進していくことができると考えているとのことです。

Ⅲ　対応策・提言

　ではどうすれば，グローバル経営において進出日系企業は異文化理解の上，社員のWell-being感を向上させ，なおかつ会社全体のパフォーマンスを向上させていけるのでしょうか？　社員のWell-being向上とパフォーマンス向上策について，以下の2点の経営管理の視点から検討します。

①　社員のWell-beingは一般にどういう要因で構成されているのかの視点

②　Well-beingを醸成するための経営管理プロセスの視点

1 社員のWell-being構成要因

　図表1-3はビジネスにおけるWell-being構成要因について，筆者が調べてきた事柄をまとめたものです。以下の9つの要因を一企業が全て兼ね備えて人的資産の管理を行うことは非常に困難です。現実的にどうすればWell-being経営に少しずつ段階的に近づくかを考えるべきです。

　まず経営者自身が社員と関係者のWell-being状態を作ることの大切さを理念として位置づけ，それを宣言・公表し，社員と共有することが重要ですし，本業の根幹である商品・サービスが社会問題の解決に役立つものといった商品要因も必須です。企業には自社の良さを出しながら社員が心理的・物理的・身体的に働きやすい職場を作るため，上記の諸施策を自社に可能な範囲で導入・改良していくことが求められます。グローバル企業での具体例は終章で検討します。

図表1-3　ビジネスにおけるWell-being構成要因

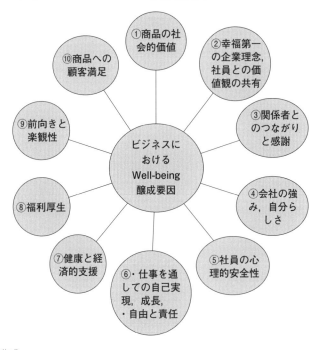

出典：筆者作成

①と⑩商品の社会的価値と商品への顧客満足

　会社の存在意義を実現するには，本業である商品やサービスの生産販売を通して社会的問題の解決に役立つことが先決です。それが社会に認められれば（顧客の満足度が高ければ），従事する社員や関係者のモチベーションは高揚します。

②社員の幸福第一の企業理念，社員との価値観の共有

　Well-beingのある会社を見ていくと，そこに社員のWell-being第一という強い理念を持って社員と共有していくリーダーの存在があります。

③関係者とのつながりと感謝

　Well-being状態は第三者との関係の中から生じます。そういう意味でもステークホルダーとの関係性が重要です。またビジネスは一人ではできません。チームワークが重要であり，仲間との相互信頼からWell-beingが生まれます。

④会社の強み，自分らしさ

　会社や商品そして社員にはそれぞれ強みと弱みがありますが，強みをさらに強化しつつ，その中で自分らしさが出せるとWell-beingが生じます。弱点の補強に力を注ぐよりも，むしろ各社員の良いところを伸ばすという考え方です。

⑤社員の心理的安全性

　社員の心理的安全性とは「チームにおいて，他のメンバーが自分が発言することを恥じたり，拒絶したり，罰を与えるようなことをしないという確信を持っている状態であり，チームは対人リスクをとるのに安全な場所であるとの信念がメンバー間で共有された状態」です[2]。オープンで自由闊達なコミュニケーションができ，誰も足を引っ張らない組織が社員に安心感をもたらし，良いアイデアや工夫が生まれ，全体的なWell-being状態が生まれる土壌になります。

　社員と仲間および上司間に心理的安全性の向上を期すために，例えばグローバル企業のGoogleでは週一で上司と部下がどんなことでも（仕事以外のこと

---

2 エドモンドソン著,野津訳,村瀬解説［2021］。

も含め）一対一で話をする機会を作っているとのことです。良いミーティングができない上司は，部下ではなく上司の評価が下がるそうです。

⑥仕事を通しての自己実現，成長，自由と責任

Well-being経営の先駆者ともいえる伊那食品の塚越　寛氏は「会社の成長は売上，利益第一で捉えるのではなく，社員一人ひとりの人間的成長の総和であり，会社の成長は社員の成長と連動していることが重要」ということを述べています。

⑦，⑧健康への支援，福利厚生

健康面への配慮は元より，社員やその家族を思いやる心が大切であり，それが社員本人や家族に伝わっていきます。

⑨前向きと楽観性

ビジネスでの困難や失敗がつきものです。その際，社員個人そして特に経営者がその原因を検討しつつ，ポジティブに前向きに，逆境をチャンスと思いつつ努力する志向がWell-beingとレジリエンスをもたらしてくれます。

2　異文化理解とWell-beingを生むための経営管理プロセス

グローバル経営を志向する企業では特に異文化の理解不足による損失はリスクにつながり，異文化理解の経営はチャンスにつながります。そういう二面性を持っている**異文化リスク**については，経営管理プロセスの視点から**図表1-4**にあるように**異文化理解**とWell-being醸成ということを視野に入れて対応する必要があります。

まず①自国企業のその面における土壌を分析するところから始め，②次にその面のリスクがどこに潜んでいるかを見極め，③それへの対応を図り，④これらプロセスの各段階において異文化理解とWell-being醸成に関する情報の関係者間での共有が重要となります。そして，本社の経営幹部，現地社員はじめ関係者が**図表1-4**にある各プロセスの項目を理解し，実行していくことが重要です。異文化理解とWell-beingの醸成を可能とさせ，かつ企業のパフォーマンスを向

図表1-4 異文化理解とWell-beingを生むための現地と本社の管理プロセス

	主に現場スタッフの検討事項	主に本社サイドの検討事項
① 自社の異文化リスクと社員のWell-being理解の土壌分析	・現地社員のニーズ，モチベーション把握 ・経営理念や価値観は社員と共有できているか ・オープンな社風，雰囲気かどうか	・経営理念として位置づけて，現地日本人スタッフとの共有はできているか ・現地とのコミュニケーションは密か ・異文化コミュニケーション力のある社員の採用・教育をしているか
② 異文化リスクの発見と評価，Well-being醸成力の評価	・国民性，宗教の違いなどを理解した労務管理，商品開発 ・福利厚生，家族とのコミュニケーション ・報酬，昇進，時間外労働への評価	・人事，研修での異文化リスクマネジメントの学習 ・左記事項に関する現地スタッフとの情報と体験の共有
③ 異文化リスクへの対応とWell-being実施手段の実行	・職場での社員の心理的安全性の確保プラン ・Well-being手段の実行と経営成果との関連把握	・Well-being実施手段の策定と開示そして現地との共有 ・Well-being手段の実行と経営成果との関連把握による検証とフィードバック
④ 異文化リスク情報とWell-being醸成情報の共有	・現地のニーズを踏まえた異文化情報とWell-being情報の把握と本社との情報共有	・現地との左記の情報共有を踏まえた研修

出典：筆者作成

上させることにつながります。

> **コラム**
>
> ## ベトナム進出の日系IT社における日本とベトナムの異文化の違いと対応
>
> 　1996年創業のIT会社ムーンファクトリーのCEOのU氏は「私たちの会社は社員の幸福，その家族の幸福，お客様，パートナーさん，そしてその先へと，順番に身近なところから幸せの波を届けていく存在でありたいと思っています」という思いの下，IT分野の成長著しいベトナムホーチミンに進出。
>
> 　そこでは次のようなベトナム人社員との異文化リスクに直面したとのことです。
>
> ①ベトナムは，先を見越した「ものづくり」が今ひとつ苦手である。こう作ったら後々困るから先に手を打っておこう的な発想がなかなか育たない。
>
> ②ベトナムチームは技術的なクオリティは問題ないが，自分の専門分野以外のことを積極的にあまりやりたがらない。
>
> ③好きにやっていいという依頼の仕方だとうまくいかないことが多い。ベトナムチームは上から命令をすると問題ないのに，自身の裁量に任せるとどうもうまくいかない。
>
> 　以上のベトナム人社員の国民特性に関して，同社では次の対応を図っています。
>
> ・「スタッフマニュアル」を2022年度版からはベトナム語バージョンもリリース。ベトナムも日本も共通したグローバルな理念をしっかり持ってもらおうというのが狙い。日本もベトナムから良いところを学び，ベトナムも日本の良いところを吸収してもらうという，双方向での学びを意識している。
>
> ・ベトナムの気質に合わせた指示の出し方ができるように工夫を重ねている。
>
> ・また，2022年秋以降にベトナムのスタッフを交代で日本に誘致して，1〜2か月間，日本のオフィスで日本のメンバーと一緒に業務を進める経験を積んでもらうことを検討中。

おわりに

　本章での分析の結果，下記の諸点が指摘できます。

① 　健康経営とWell-being経営はいずれも社員の身体的・心理的健康に配慮するという点では類似している。また健康経営の効果は会社の医療費やリクルート面での効果も散見できる。

② 　しかし，社員の職場あるいは人生での目標達成や成長，同僚や利害関係者との関係性にまで配慮したWell-being経営は社員の職場あるいは人生での「良

13

好な状態」,「満たされた状態」を目標としている点で健康経営とは異なる。

③　Well-being経営の日本企業における近代のルーツの一つが,京セラや伊那食品に見られ,いずれも卓越した経営者の過去の経験や先見の明のある思考に基づいた経営哲学からきている。

④　ただ,その時期におけるこうした企業のケースは今でいうWell-being経営の理念に関する具体的指標,評価軸が不明瞭である。したがってWell-being経営が社員のモチベーション向上に与える効果や経営全般のパフォーマンスに与える効果,そしてその情報開示という側面では必ずしも明瞭でない。

⑤　最近の企業例として,「Company Well-being Index」を策定し,企業理念,社員への貢献,会社への貢献,社会への貢献,それらの情報開示という点で明確に指針を設けている三谷産業の対応は今後,大いに期待できる。

⑥　職場でのWell-being経営の構成要因では,商品の社会的価値や顧客の商品への満足,社員の健康や福利厚生面への配慮のみならず,社員の成長,関係者とのつながり,自分らしさ,他の社員との信頼感,心理的安全性などの諸要因への配慮も必要。

⑦　進出国での日本人社員と現地社員とのWell-being要因と異文化要因との相互理解,本社との情報共有と相互支援,社員教育が重要。

参考文献

『朝日新聞』2022年5月23日夕刊。

上田和勇［2016］『ビジネス・レジリエンス思考法』同文舘出版。

上田和勇［2022］「幸福経営に関する理論と調査結果に関する研究」『商学研究所報』第53巻第6号,1-16頁。

エイミー・C. エドモンドソン著,野津智子訳,村瀬俊朗解説［2021］『恐れのない組織,「心理的安全性」が学習・イノベーション・成長をもたらす』英治出版。

経済産業省［2022］「健康経営の推進について」令和4年6月。

「感謝を貯める満足BANKでほめる文化を作る・ヤマト運輸のピアボーナス事例」［peerbonus-enforce.net］（2023年11月5日閲覧）。

Newsweek日本版「儲かる『健康経営』最前線ニュース」2011年3月2日。

前野隆司・前野マドカ［2022］『ウエルビーイング』日経文庫。

三谷産業株式会社ウェブサイト。

やつづか　えり［2019］『本気で社員を幸せにする会社』日本実業出版社。

Rosen, R.［1996］*The Healthy Company: A Human Resource Approach*, the American Management Association.（宗像恒次監訳,産能大学メンタル・マネジメント研究会訳［1994］『ヘルシー・カンパニー——人的資源の活用とストレス管理』産能大学出版部。）

第 2 章

海外経営のパートナーシップと
リスクマネジメント

■本章で学ぶこと■

　　海外で事業を行う際には様々な分野で他社との協力をしながら進めることが
　必要不可欠になっています。全て自社で行おうとするとコストや時間的なロス
　を招きかねないというリスクがあるからです。しかし，適切な協力関係（パー
　トナーシップ）を構築しないと，そのことに伴うリスクにも直面します。
　　本章では業種によって異なるパートナーシップのタイプを紹介しながら，事
　例を用いてパートナーシップに関わるリスクによる影響を説明し，その対策を
　提言します。

■キーワード■

　　フランチャイズ，合弁企業（合弁子会社）方式，コンサルティング契約，JV方式（ジ
　ョイントベンチャー方式），コンソーシアム，アウトソーシング，ウインウイン（win-win）
　の関係

はじめに

　海外に進出する際に他の企業とパートナーシップを形成することは重要です。現地企業とのパートナーシップは現地市場の情報収集，現地政府との関係構築，現地ビジネス文化の理解，立地の選定，労働運動への対応などにおいて強みをもたらします。また，異業種とのパートナーシップは生産・物流等における相乗効果，関連の新ビジネスへの展開において有利な状況を作り出します。

　しかし，「よいパートナーシップ」を形成することは難しいことです。例えば，提携相手との考え方の違いからパートナーシップの解消になったり，提携相手にノウハウを盗まれ，競争相手になってしまう，などのリスクもあります。また，業種によっては提携の仕方が行政によって制限されているものもあり，事前の詳細な検討に時間がかかることもあります。あるいは，最初はうまくいっていた海外の現地企業とのパートナーシップも時間がたつにつれて双方の思惑がすれ違うようになり，ギクシャクしていくかもしれません。

　グローバル化の時代は経営環境や競争環境は目まぐるしく変化しますから，それに合わせたパートナーシップの改定も必要になるでしょう。例えば現地パートナーが他の企業に買収されてしまえば，それまでのパートナーシップに大きな影響が起こることは必然です。グローバルな経営においてはこうしたリスクをどのように抑えていけるかが課題になります。

　本章では最初に流通分野，次に建設分野に焦点を当ててこうした問題を検討します。

Ⅰ　現状・実態

　海外進出の際に考えられるパートナーシップの一般的な形態についてみていきましょう。まず，**合弁会社設立**というパートナーシップがあります。これは**図表2-1**の灰色の矢印で示された関係で，現地資本等と共同出資で現地子会社を設営するものです。これは日本企業の製造業企業が海外に進出する際に多くとられる方式です。進出側である日本企業は大株主の立場になるため，現地事

業に対するコントロール力が強いです。

　しかし，現地政府の規制や現地パートナーの力が相対的に強い場合は，フランチャイズ契約を要求されることがあります。この場合は日本側本社と現地パートナーの間で**フランチャイズ契約**が結ばれ，日本側は知的財産の使用料やノウハウ代などを受け取るだけになります。コントロール力はさほど強くなく，ある程度の年月が経ちノウハウを知り尽くされてしまうと，現地パートナー側からフランチャイズ契約の解消を言い渡されるリスクもあります。以下，流通業に事例をとって，日本企業の提携に関わるケースを検討していきたいと思います。

図表2-1　合弁子会社とフランチャイズによる海外進出

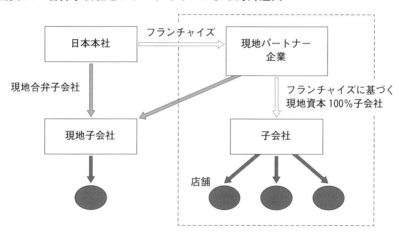

注：灰色の矢印は合弁関係の場合のパートナーシップ
　　白の矢印はフランチャイズの場合のパートナーシップ
出典：筆者作成。

Ⅱ　分析・評価

1　合弁企業方式とフランチャイズ

（1）合弁企業方式のパートナーシップの事例

　日本のレストランチェーン大戸屋は2005年にタイに進出し，最初は現地日系

企業，そして現地企業セントラルグループと2度にわたる合弁企業方式のパートナーシップを積み重ねましたが，やがて日本のレストランチェーンのフランチャイズの経験が豊富なセントラルグループに出資分を売却し，合弁方式からフランチャイズによるライセンス契約に移行しました。同社は同様なプロセスを台湾，インドネシア，シンガポール，中国でも経験しています。また，立ち食いソバチェーンで有名な富士そばは，インドネシアと台湾では合弁子会社による直営店，フィリピンではFC展開と，それぞれ異なった形態で進出しました。ただ，インドネシアでは周囲の経営環境により当初の計画通りには進まなかったため，2年ほどで撤退し，出資分を損失に計上しました。このように合弁方式ではコントロール力は維持できるものの，投資回収に至らない段階で撤退になった場合，金銭的損失は大きくなります。

　一般に発展途上国においては現地政府の規制により，小売りチェーンへの外国資本の参入が制限されている事例が散見されます。直接投資により100％子会社の運営会社を現地に設立し，フランチャイズ店をコントロールするのが本来のビジネスモデルですが，外国資本100％の子会社設立が制限されているため，十分なコントロールを実現できず苦労しているという状況です。ただし，次善の策として現地企業とパートナーシップを組んで合弁子会社を設立することはできますので，この形式で店舗を展開していることが多くなっています。

　しかし，適切なパートナーを見つけることは必ずしも容易ではなく，結局，現地企業とエリアフランチャイズ契約を結び，間接的に店舗をコントロールするという形になっている例も見られます。ライセンス契約は期限の到来や先方の意志で終了することもできるため，ノウハウが移転されれば，現地パートナーから契約を終了され，撤退を余儀なくされることもあります。

　例えば，コンビニ大手のファミリーマートは1998年の台湾進出を皮切りに韓国（1990年），タイ（1992年），中国（1996年），ベトナム（2009年），フィリピン（2013年）とアジアへ店舗を拡大していきました。韓国では現地の普光と合弁会社を設立し，約8,000店舗を展開するに至りましたが，2012年8月頃から店舗の看板からファミリーマートの名前が消え，変わって続々と「CU」に転換されました。合弁で運営している会社からも日本のファミリーマートの名が消えました。最終的にファミリーマートは韓国から撤退を余儀なくされたので

す。

　また，同社はタイにおいてタイの「消費者王」といわれる華人大企業である
サハグループ20％，現地の有名な百貨店であるロビンソン百貨店40％，ファミ
リーマート30％と日本の大手総合商社伊藤忠商事10％で合弁子会社（運営会社）
を設立してコンビニ事業をスタートしましたが，その後，アジア通貨危機（1997
年）にてロビンソン百貨店が破たんし，サハグループがファミリーマートの日
本国内での競合であるローソンと提携してしまいました。この結果，ファミリ
ーマートのパートナーシップは瓦解してしまいました。一般的に言えば現地パ
ートナー側はコンビニチェーンのノウハウを合弁期間中に学び取ることができ
ますので，韓国のファミリーマートの事例に見られるように，その後は自分の
企業のブランドを掲げて，そのもとで運営しようとするのです。ファミリーマ
ートは再起をかけて，別の華人大企業であるセントラル（大手流通財閥）（タイ）
をパートナーにして，再起を図りました。日本側が主導で立て直し，タイ人社
長を起用し，その後2000年代中庸に500店舗以上になりましたが，資金繰りの
悪化と売上の伸び悩みで債務超過になり，再び危機に陥りました。この時も日
本側が人材を派遣し，100社以上の閉店をするなどのリストラクチャーで乗り
切りました。2016年には約1,000店まで店舗を伸ばしましたが，その後も思う
ように店舗数が延びず，ファミリーマートのタイからの撤退の可能性も報道さ
れています。

　また，ファミリーマートは中国市場で台湾の大手食品総合グループ頂新国際
集団と組みました。台湾での実績や関係の商社を介してのパートナーシップで
したが，ファミリーマートと頂新国際集団の間でフランチャイズ契約のライセ
ンス料の支払いを巡って訴訟になっていると報道されており，難しい状況があ
るようです。

（2）合弁会社の課題

　このように現地企業のパートナーシップを継続することは非常に難しいとい
うことがわかります。コンビニエンスストア事業に即していえば，パートナー
シップ問題も含めて，課題をまとめると，①現地政府の小型流通業への規制，
②現地パートナーとの経営方針の相違，③現地での競合，④消費文化や食文化

の相違，⑤現地の物流インフラの未整備等となるでしょう。①と②については既に述べましたので，③以下について付け加えますと次の通りです。

まず③現地での競合ですが，現地での競合には食品スーパーや屋台があります。東南アジアではまだ中間層の消費者が厚い層に待っていない国も多いため，ブランドイメージや品質，デザインなどで製品を選ぶというよりも価格で選ぼうとする消費行動が多いです。そのため，同じ製品であれば安いブランドを選びます。また，コンビニエンスストアの強みである中食商品（惣菜，お弁当，サンドイッチ，おでんなど）はスーパーや屋台の方が庶民に圧倒的に定着しています。それらと競争することになるとコンビニ，特にある種の完成形でもある日本型コンビニは利益を出せないということになるのです。

④消費文化や食文化の相違ですが，東南アジアでは夫婦共稼ぎが圧倒的に多いので，朝，昼，晩と町中の道端の屋台で食事を済ますことが多いです。屋台は庶民の生活に根付いているのです。そうした食文化に対して，きれいで衛生的な店内で揚げ物やおでんを売るという日本型コンビニは違和感を与えるようです。ただ，今後は中間層の増加とともにコンビニ内での調理惣菜を好む消費者層も出てくると考えられます。

⑤現地の物流インフラの未整備等については深刻な交通渋滞が上げられます。日本ではお弁当などの中食は1日3回の店舗への配送が行われるのが普通ですが，東南アジアなどでは交通渋滞のため，これが不可能となっています。中食は新鮮さが命ですのでこの強みが発揮できないのです。このほか，日本のように季節や立地に合わせて惣菜を新規開発するなどのことも容易ではありません。日本では惣菜は専門の惣菜業者に委託して製造していますが，そのような惣菜業者が見つからないといった困難もあります。したがって，多様な惣菜を用意することは難しくなっています。この結果，多くの東南アジアの現地系コンビニは「小さな食品スーパー＋雑貨店」のような立ち位置になっています。また，出店についても，東南アジアでは日本のように狭いエリアに集中的に出店するといった「ドミナント」戦略は難しい状況にあります。というのも，土地が確保できても極めて狭い狭小店舗になるため，品ぞろえに限界があり，効率的な顧客の囲い込みができないためです。この点，日系でもセブンイレブンはタイなどの大手華人財閥であるCPグループと提携し，現地流の店舗を展開して成

功しています。

　最初から合弁企業やフランチャイズと決めず，最初は現地会社へコンサルティング契約を結び，ノウハウや技術を提供し関係を深めてから，その現地パートナーとの合弁企業設立やフランチャイズ契約に進む例もあります。例えば，居酒屋の大手チェーン「つぼ八」は2000年代後半にシンガポールに第一号店出店後，タイ，マレーシア，インドネシア等に16店舗近く出店しましたが，規制が厳しくリスクの算定が難しいベトナムへの進出に際しては現地資本で飲食店220店を運営するゴールデンゲート社と**コンサルティング契約**を結びました[1]。コンサルタントとして利益を上げながら，現地のリスクの特徴や現地企業のリスク対応の状況などの情報を少しずつ蓄積し，自社の出店につなげるという戦略です。

2 コンソーシアムとJV

　建設プロジェクト等で海外進出する場合は，現地企業とパートナーシップを組んだ方が入札において強みになります。また，パートナーとそれぞれの強みを生かしたシナジー効果を発揮できるよい補完関係を構築することがプロジェクト遂行上重要な点となるため，業務分担を明確にした上で共同の目的で発注者（施主）と契約を結ぶ**コンソーシアム**を形成します。

　さらに業務分担と利益配分とをリンクさせる方法もあります。これを**JV方式（ジョイントベンチャー方式）**と呼びます。後者の方が責任分担も明確であるため，リスクマネジメントも容易です。

　発注者から見たら，プロジェクトのスコープを納期までに完了させてくれることが何より大切ですから，最終的にコンソーシアムのどの企業が全体責任を持ってくれるのかが最大の関心事です。そのため，コンソーシアムの中で主契約者（プライムコントラクター）をはっきりさせておくことが重要です。プライムコントラクターには相対的に大きな利益配分がなされますが，その分リスク負担を多く担うことにもなります。

　ユニット（工事現場，サイト等）で役割分担すれば責任分担は単純明快であ

---

1 『日経MJ』2017年11月8日。

り，リスク管理も容易ですが，実際は機能ごとにそれぞれの優勢が期待されて，コンソーシアムが構想されるため，機能ごとの分担が行われることが多くあります[2]。この場合，どれかの機能を担当するパートナーの作業が遅れれば，全体工程に影響してくるため，プライムコントラクターの責任に関わるリスクは極めて大きくなります。どの機能についてもパートナーが同じようなリソース（資金，人員，技術）を持ちながら，リソースを工事へ全部投入できない場合は結局，ユニットごとに分担した方がマネジメントは簡単になります。プライムコントラクターの責任も軽くなるでしょう。この場合は責任分担をはっきりさせることが容易であるのでJV方式の方がリスクマネジメントの観点からは好ましいと考えます。

図表2-2　コンソーシアムとJVのリスク

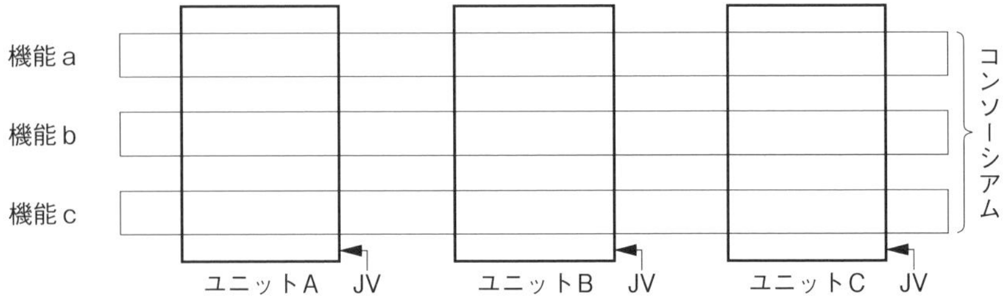

出所：筆者作成。

3 アウトソーシング

　極めて限定された機能や作業であれば，その部分だけを**アウトソーシング**として契約した方がよいこともあります。これもパートナーシップの一形態といえるでしょう。アウトソーシングされる業務は研究開発，生産等の業務がありますが，建設などのプロジェクト形式の業務も多くあります。名称は外注契約，委託契約，下請け契約等ともいわれます。生産委託ではユニクロ等で有名なファストファッションの**SPA**（製造小売業）の業界によく見られます。また，ITのソフトウエア，システム構築業界や建設業界のプロジェクトにも見られます（詳細は第6章で説明します）。

2　トンネル工事や道路工事は工事現場ごとのコンソーシアムやJVが多い。

Ⅲ 対応策・提言

　海外企業とのパートナーシップは資本関係を伴う合弁契約が基本ですが，業種によっては相手国政府の規制があり，難しい場合があります。その場合は業種や業務（生産などの定常業務かプロジェクト業務か）によって別の最適なオプションを考えることになります。フランチャイズ契約（小売流通），JV契約やコンソーシアム契約等（建設業，コンサルタント業），アウトソーシング契約（委託契約：小売流通やそれと関連する製造，あるいは教育等のサービス業務）などのオプションです。

　パートナー関係は信頼が基礎になりますし，お互いのビジネスのやり方に慣れることによって効率が上がりますので，長期的に関係を維持することが望ましいことは言うまでもありません。しかし，最初はパートナーとの信頼関係が浅いため，後に関係解消となるリスクも秘めています。したがって，最初のパートナーシップの契約は期限付きの委託契約にし，実績を積み重ねて信頼関係を深めた後，更新時に長期的な契約に進むという考え方がよいでしょう。いずれにしても，**ウインウイン（win-win）の関係**を提案して関係を作っていくことが基本で，最初から「相手を利用できるだけ利用して，メリットがなくなったら関係を解消する」という意図でパートナーシップを築こうとするなら，早晩関係は行き詰まるでしょうし，将来パートナーシップを組もうとする相手も見つからなくなるでしょう。

おわりに

　パートナーシップの安定性はあくまでも相互の信頼性が基礎になります。この場合，トップ同士のコミュニケーションチャネルが円滑に機能していることが大事になります。これが機能しない場合は将来的にトラブルが起こり，パートナーシップは常に不安定な状況，すなわちリスクの多い状況に置かれることになるでしょう。

　トップ同士の信頼があれば，現場担当の駆け引きや自己中心的な行動から生

じる摩擦や対立があった場合でもスムーズに解決することができますし，より一層強固な関係になる場合もあります。なお，日常のパートナーシップを維持する当事者である双方の現場リーダーに海外での異文化経験を積ませるなど，長期的な社内の人材育成をすることは現場の疑心暗鬼に伴う誤解や対立を予防する大事な施策です。

参考文献

大西勝明［2016］「ベトナムの工業化とAEC（ASEAN経済共同体）の結成」『専修大学商学研究所所報』第48巻第3号。

小林守［2013］「ベトナムの投資環境と日系企業の操業動向」『専修ビジネスレビュー』第8巻第1号，専修大学商学研究所。

小林守［2014］「ベトナムの投資環境への視角─日系企業の進出動向とローカル企業の現状及び課題」大西勝明編著『日本産業のグローバル化とアジア』文理閣。

小林守［2017］「1990年代のベトナムの市場経済化と投資環境」『専修ビジネスレビュー』第12巻第1号，専修大学商学研究所。

小林守［2018］「2000年代のベトナムの市場経済化と投資環境」『専修ビジネスレビュー』第13巻第1号，専修大学商学研究所。

佐久間信夫編［2019］『現代国際経営要論』創成社。

鐘淑玲［2014］「小売企業」マーケティング史研究会編『日本企業のアジア・マーケティング戦略』同文舘出版。

高橋浩夫［2017］『最新「国際経営」入門』同文舘出版。

『日経MJ』2017年11月8日。

第 **2** 部

グローバル経営における
ガバナンス

第 3 章

グローバル経営の
多様性リスクとガバナンス

■**本章で学ぶこと**■

　現代の高度で豊かな経済社会の形成は，人類が発明した株式会社制度の生成と発展による歴史的所産です。まず，企業という存在が一地域の株式会社として産声を上げて出現してから，グローバル企業に変身していく，地球的規模の増殖プロセスについて説明します。その上で，企業価値の増殖プロセスとしてのクロスボーダーM&A戦略の展開を鳥瞰します。グローバル経営へのプロセスでは，多様性リスクが存在しており，企業が競争原理の中で生き抜くためには，ガバナンスの構築とリスクマネジメントが必要となります。

■**キーワード**■

　株式会社，クロスボーダーM&A，グローバル経営，多様性リスク，ガバナンス

はじめに

　18世紀の**産業革命**以降，現在までの約250年間の世界経済の成長の軌跡において，特に近年の約20年間では凄まじい速度での経済発展が地球的規模でなされました。そのグローバル成長神話を実現させたのが，**クロスボーダーM&A**（国境を越えた国際間の企業の合併・買収）という企業結合戦略です。

　M&Aによって地球的規模で怪物のように増殖し進化する企業の目的は，資金で時間を買うことです。既存事業の規模の拡大や，新規事業の創出には膨大な時間を要します。企業はM&Aはその時間を買い，事業の創出・拡大にかかる時間を大幅に早めることができます。しかし，企業はM&Aによって，必ず企業価値を上げることができるとは限りません。巨大化し怪物化した事業体は，互いに市場の中で生存をかけて戦います。その最たる戦いの例が「**敵対的買収**」です。

　そこで，本章では上田和勇名誉教授のリスクの可視化モデルを適用して，M&A形態別の意思決定の成果について評価します。さらに，M&Aによる企業価値の減損リスクの対応策を検討します。

I　現状・実態

1 　株式会社の出現とグローバル企業への変身

　138億年前，「ビッグバン（膨張による宇宙の創造）」という非常に大きな爆発現象によって，宇宙は作り出され，46億年前に地球が誕生し，現代人のルーツの新人類が登場したのが，20万年前といわれています。

　特に紀元後2000年の人類の歴史の中で，人類は地球資源の恩恵を受けながら，世界のさまざまな地域で人類の生存環境を脅かす幾多の危機に直面しつつも，これを克服してきました。さらに，現代の歴史においては，人類は産業革命を起こし，高度で豊かな文明を創造し生活改善を図るための技術革新を行い，持続的な経済成長を続けてきました。

　人類が世界の持続的な経済成長を牽引できたのはなぜか。その理由の一つは，人類が**株式会社制度**を発明したからではないでしょうか。1602年オランダで生

まれた「連合東インド会社」を嚆矢として，株式会社は地球に産声を上げました。さらに，その事業体は400年の時を経て，産業革命をトリガー（引き金）として経済的に成長し，地球的規模で展開する「グローバル企業」という巨大な怪物に変身していきました。

　図表3-1に見るように，グローバル企業は創業時期には特定の地域を基盤としていました。しかし，国内市場を中心とした事業展開から次第に企業活動の舞台を海外市場に移していきます。その成長戦略は，企業の大規模化，国際化，多国籍化，グローバル化へ変身していく地球規模での企業価値の増殖プロセスでした。

　具体的な市場戦略は，高品質で安価な原材料・部品の調達市場，安い労働力と高い生産性の製品の生産市場，そして，高額で大量の需要を見込める販売市場を地球的規模で探し求めて企業経営を運営する**サプライチェーン**（供給連鎖の原料調達から製造，物流，販売といった一連の流れ）のグローバル化でありました。それはつまり，有限の地球資源を有効活用して企業の生産性に重点に置いて，個別企業の利潤至上主義の競争原理に基づき安価な労働力と自然資源を求めるものでした。

図表3-1　企業の大規模化，国際化，多国籍化そしてグローバル化への変身

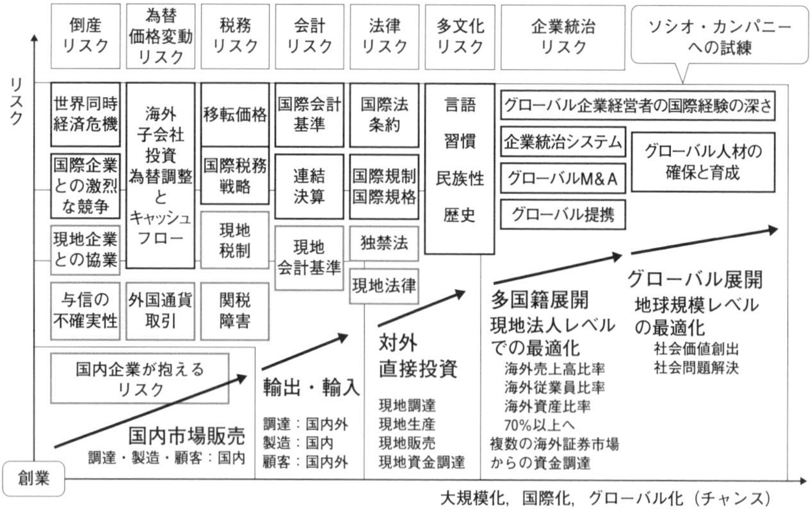

出典：Doupnik and Perera［2008］などを参考に，リスクマネジメントの観点から筆者図表化。

2　企業価値の増殖プロセスとしてのクロスボーダーM&A

　グローバル企業を目指す企業は，地球的規模での急速な企業価値の増殖プロセスのための手段として，国内でのM&A（企業の合併・買収）ばかりでなく，**クロスボーダーM&A**（国境を越えた国際間の企業の合併・買収）という企業結合戦略を選択しました。

　自分の企業グループ内で新事業部門や新会社を設立して，莫大な資金と人材と時間をかけて育てるのも一つの事業戦略でしょう。しかし，「時は金なり」で，競争市場の中で勝ち残るためには，競合企業よりいち早く優位な製品やサービスを市場に提供する必要があります。そのために，既存の優良な企業を探し出し，一気に買収して傘下に入れ，飲み込んでシナジー効果（相乗効果）により巨大化して，市場での優位性を獲得する近道を選んだ企業もありました。

　クロスボーダーM&Aは，関与する会社にとってはたいへん大きな取引であることが多いです。2021年に世界のM&Aの規模は額・件数ともには過去最高となり，それまでの記録を大幅に塗り替えました。2021年に発表された世界のM&A取引件数は6万2千件を超え，2020年比24％増と，かつてない伸びを記録しました。公表されたM&A金額は，130件のメガディール（取引金額が50億米ドル＝約7,500億円以上の案件）を含めて，過去最高の5兆1,000億米ドル（約765兆円）に達しました。2020年比では57％増と大幅に伸び，2007年に打ち立てた4兆2,000億米ドル（約630兆円）という記録を破っています。2021年のM&Aの活発化は，テクノロジーおよびデータドリブン（データにもとづく意思決定）のデジタル事業への需要が高まったこと，2020年からディールメーキング（取引形成）への需要が積み上がっていたことが要因でした。

　図表3-2に見るように，日本企業のM&Aの件数と金額も増加しています。

　日本のM&A全体の件数は，例えば，約20年前の2003年時点では1,728件でしたが，2021年時点で4,280件へと2.48倍に増加しました。金額では，2003年時点に6兆円から2021年時点で16.4兆円へと2.73倍に増加しました。

　その中でも，日本企業が国境を越えて海外企業を買収するクロスボーダーM&Aの増加が顕著です。日本国内の企業が海外の企業を取得したケースでは，2003年時点に213件から2021年時点で625件へと2.93倍に増加し，金額では，2003年時点に5.3千億円から2021年時点で7.0兆円へと13.2倍に増加しました。

図表3-2　日本企業のM&Aの件数

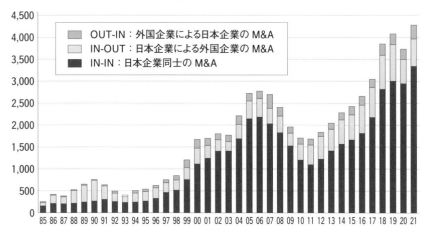

出典：MRR Online「1985年以後のマーケット別M&A件数の推移」。

3 成長と変革段階における事業戦略とビジネス・リスクマネジメント

　図表3-3に見るように，成長と変革段階における事業戦略としての道のりは，多くのチャンスと同時にリスクも伴う**多様性リスク**の競争世界です。

　スタート・アップ期の企業は，未知の世界である過酷な競争市場で，成長基盤の構築のために生き残りをかけて奮闘します。成長期には，競合他社をM&Aにより飲み込み成長神話を作り出しながら高速ロケットのように増殖していきます。安定期そして成熟期を経て，衰退期を乗り越えて，さらに事業継承するための生き残りと再構築のために，M&Aにより，飲み込むか飲み込まれるかの過酷な戦いが待っています。そこでは，多様性リスクに対する**ガバナンス**（企業統治）の構築の程度が企業の運命を左右します。

　成長と変革段階におけるビジネス・リスクマネジメントの究極の目的は，「倒産防止」です。倒産リスクの主なものは，放漫経営，債務超過，リスク対応不良，将来の対応不足などが挙げられます。倒産リスクに対応するためには，企業資源の人，物，金および情報を最大限に運営に活用して，経営内部リスク（戦略リスク，管理リスク，経営者リスク，従業員リスク）および経営外リスク（災害リスク，環境リスク，マスコミリスク，官僚リスク）に対処しなければなりません。近年の日本企業の生存率を見ると，設立後10年以上生存率は6.3％で，

図表3-3　成長と変革段階における事業戦略とビジネス・リスク

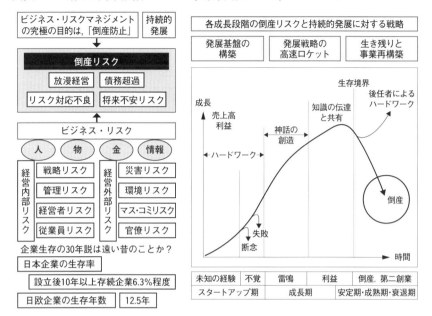

出典（左）：上田 [2012] 3頁を参考に筆者作成。
出典（右）：Timmons and Spinelli [2003] p.561を参考に筆者作成。

日米企業の生存年数は12.5年といわれており、かつていわれていた企業生存の30年観は遠い昔のことになっています。現代のビジネス世界では、世界市場のグローバル化とデジタル産業のITテクノロジーの進化により、製品やサービスの市場価値の寿命がますます短くなっています。それは、企業に対して生存のための**ビジネス・イノベーション**の努力をさらに求められていることを意味します。ここで、ビジネス・イノベーションとは、企業成長の原動力となる革新、具体的には、製品開発や生産技術の革新、資源の開発、新消費財の導入、製品やサービス市場の開発、産業構造の再組織や再編成などを意味します。

Ⅱ　分析・評価

１　M&Aによって企業価値は増加したか？

近年、クロスボーダーM&Aによる「のれんの巨額減損リスク」発生のニュー

ス報道が続いています。**のれん**とは，企業を買収する際に支払われた金額と，その企業の純資産価額の差額をいいます。差額には企業のブランド力や伝統，技術力，従業員などの人的資産，地理的優位性，顧客基盤などの帳簿には載らない価値が含まれると考えられ，これらの資源は「企業の超過収益力」といわれます。

　M&Aからの重大な財務情報リスクの顕在化として，例えば，2017年3期の日本企業の決算発表において，のれんの巨額な減損損失を計上するニースが続きました。ソニーは映画分野の営業権（のれん）について1,121億円の減損損失を計上し，日本郵政はオーストラリアの物流子会社トール・ホールディングスの減損処理で約4千億円（のれん及び商標権の全額3,923億円，有形固定資産の一部80億円）の巨額損失を計上しました。東芝は米国子会社のウェスチングハウス社が買収したCB&Iストーン・アンド・ウェブスター社に関連して7,166億円ののれんの損失を計上しました。

　のれんの巨額な減損損失計上の歴史といえば，2002年に米国AOLタイム・

図表3-4　M&Aにおける意思決定と企業価値への影響

出典：宮島［2007］および籠屋［2009］を参考に筆者作成。

ワーナー社が第1四半期に約6.4兆円（542億ドル）ののれんの減損損失を計上し世界を驚かした出来事が記憶によみがえります。2001年1月にアメリカの通信会社大手AOLと映画会社タイム・ワーナーの両者の合併によって，株式総額は約40兆円（3,500億ドル），売上高は合計約3.5兆円（300億ドル）の巨大企業が誕生し，映像メディアのみならずビジネス全体においても史上最大の合併とまでいわれました。合併時，タイム・ワーナー社の資産・負債を公正価値評価して算出した純資産と合併対価の差額約17兆円（1,464億ドル）がのれんとして新会社に計上されました。

　図表3-4に見るように，M&Aにおける意思決定によって，企業価値への影響は左右されます。M&Aの目的も，統合・再建型M&A，相乗効果を狙う戦略的M&A，および投資ファンドによるM&Aなどにより，企業価値への影響は異なります。

2 敵対的買収リスクと企業防衛リスクマネジメント

　自社の成長戦略としてのM&Aですが，成長増殖過程では，反対に買収されるリスクに遭遇します。買収には友好的買収ばかりでなく敵対的買収もあり，それは株式買取を原則として公開買付（TOB：Take Over Bid）によって行われます。敵対的買収とは，買収の対象となる企業の経営陣の同意を得ないで強引に進められる買収を意味します。敵対的買収者は経営権を掌握することを目的に，議決権の過半数を取得すべく株式を買い集めていきます。

　図表3-5に見るように，最近の事例では，2021年12月のSBIホールディングスによる新生銀行に対する1,139億円の敵対的買収がありました。敵対的買収で狙われやすい会社，すなわち，敵対的買収リスクの高い企業の特徴として，まず企業の保有資産については，多額の現金預金を持ち，総資産に比して剰余金比率が高く，含み資産が大きい会社，次に株価については，純資産に比して株価が過少評価されており，株式時価総額が比較的小さい会社，そして，その他の点では，浮動株主が多い，資本のねじれ現象がある，オーナー色が強い，内部紛争や労働対立の存在する会社が挙げられます。

図表3-5　敵対的買収リスクと企業防衛策

敵対的買収事例				
年	月	買手	売手	取得金額（億円）
2015	3	ECMマスターファンドSPV	セゾン情報システムズ	65
2015	4	テクノグローバル	新華ホールディングス・リミテッド	2
2017	6	フリージア・マクロス	ソレキア	22
2018	6	日本アジアグループ	サンヨーホームズ	18
2019	3	伊藤忠商事	デサント	357
2020	9	コロワイド	大戸屋ホールディングス	92
2021	3	日本製鉄	東京製綱	46
2021	12	SBIホールディングス	新生銀行	1,139

敵対的買収で狙われやすい会社の特徴	絶対的買収リスク

【企業の保有資産】
・多額の現金預金　・純資産に比して剰余金比率が高い
・含み資産が大きい
【株価】
・純資産に比して株価が過小評価　・株式時価総額が比較的小さい
【その他】
・浮動株主が多い　・資本のねじれ現象　・オーナー色が強い
・内部紛争や労働対立の存在

事前防衛策

・株主安定化（グループ内の持ち合い）　・対抗措置事前警告型防衛策
・株式の非公開化　・自己株式の取得　・ライツ・プラン
・議決権制限株式　・株式分割　・スーパーマジョリティ条項
・黄金株　・授権資本枠の拡大　・新株（予約権）発行登録
・時価総額の極大化　・配当政策　・IR　・取締役の定員枠削減
・基準日発行の新株に対する決議権の付与　・ゴールデン・パラシュート
・ポイズンピル　・ピープルピル

事後的対抗策

・増配　・ホワイトナイト　・防戦的自社株買い
・第三者割当増資（時価発行）　・逆買収　・クラウンジュエル

出典：金融防衛策については渡邊・辺見［2006］を参考に筆者作成。

　事前の防衛策では，株主安定化（グループ内の持ち合い），対抗措置事前警告型防衛策，株式の非公開化，自己株式の取得，ライツ・プラン，議決権制限株式，株式分割，スーパーマジョリティ条項，黄金株，授権資本枠の拡大，新株（予約権）発行登録，時価総額の極大化，配当政策，IR，取締役の定員枠削減，基準日発行の新株に対する決議権の付与，ゴールデン・パラシュート，ポイズンピル，ピープルピルなどがあります。

　「ポイズンピル（Poison Pill）」とは，企業が敵対的な買収者以外の株主に対し，あらかじめ新株を市場価格より安く取得できる新株予約権を付与する買収防衛策です。敵対的買収が仕掛けられた際には株式を大量発行して敵対的買収者の持株比率を引き下げ，結果的に支配権の獲得，買収を断念させます。ポイズンピルには事前警告型と信託型の2種類があり，抑止効果も高いため日本企業でも買収防衛策として数多くの企業に導入されています。ただし，新株発行により株価が急激に低下する点や，買収側から新株発行の差し止め請求をされた結果，場合によっては新株発行が無効になるリスクがある点などに注意が必要です。

　事後的対抗策としては，増配，ホワイトナイト，防戦的自社株買い，第三者割当増資（時価発行），逆買収，クラウンジュエルなどがあります。「ホワイトナイト」とは，敵対的買収を仕掛けられた企業が，別の友好的な買収者を見つけて買収あるいは合併をしてもらい，敵対的買収を阻止する防衛策のことです。ホワイトナイトを用いることで，結果的に他社の傘下に入る点などには気をつける必要があります。また，「クラウンジュエル（焦土作戦）」とは，買収企業が狙っている財産価値の高い資産や収益性の高い事業を関連会社へ売却したり，金融機関からの負債を引き受けたりすることによって，買収された後の企業価値を低下させる買収防衛策です。

Ⅲ　対応策・提言

1　M&A形態別の意思決定の成果評価

　M&A後における企業価値への影響の結果を評価して，損失リスクを低減し，当初予定した相乗効果を有効化して企業価値を高めていく必要があります。企業価値評価の手法として，上田名誉教授は，リスクの可視化モデルとして，バランススコアカード（BSC）の4つの視点からの評価を提案しています。この可視化モデルを参考に，図表3-6に見るように，M&A形態別に，M&Aの意思決定による成果の可視化測定の評価チェックシートを作成しました。

　バランススコアカード（BSC）とは，企業の経営戦略を展開する道具として，4つの視点に分け観察するツールです。企業や組織の戦略を，①財務の視点，②顧客の視点，③内部プロセスの視点，④学習と成長の視点に分解し，各々の

戦略目標を達成するために不可欠な重要成功要因（KFS：Key Factor for Success）を定め，さらに重要成功要因を達成するために定量的な数値目標である重要業績評価指標（KPI）を設定し進捗を管理・フォローアップします。

　図表3-6のチェックシートに基づきM&Aの意思決定による評価を行うことで，M&Aを行うことにより得られた成果や今後取り組むべき課題が見えてきます。

図表3-6　M&A形態別の意思決定の成果評価チェックシート

BSC 視点 ＼ M&Aの形態	統合・再建型M&A	戦略的M&A	投資ファンドM&A
財務の視点	規模の経済により，売上・利益・資産を増加させたか（A.B.C）	M&Aにより，売上・利益・資産を増加させたか（A.B.C）	短期的な成長圧力からの弊害なく，健全な成長がなされたか（A.B.C）
顧客の視点	市場シェアの増加により，市場開拓を有利に進めることができたか（A.B.C）	M&Aによる市場運営体制の強化により，顧客の開拓・満足度を高めたか（A.B.C）	豊富な資金供給により，市場開拓に十分に投資されたか（A.B.C）
内部プロセスの視点	取引量増加によるコスト削減やR&D設備の共有化により運営効率は改善されたか（A.B.C）	M&Aによって，経営運営の効率は改善されたか（A.B.C）	過度のコスト削減を求めることなく，適切な人的・資金配分により，運営効率は改善されたか（A.B.C）
学習と成長の視点	統合のシナジー・価値のある資源の取得により企業価値を高めたか（A.B.C）	M&Aによって得た人的資産・技術資源により企業価値を高めたか（A.B.C）	近視眼的経営を求めることなく，長期的な成長を目指しているか（A.B.C）

注：【評価】A：企業価値を上げる，B：企業価値の面で問題あり，C：企業価値を著しく下げる
　　【アクション】BとCの評価については改善案を検討する
出典：上田［2008］の「Simonsのリスク可視化モデル」を参考に筆者作成。

２　M&Aによる企業価値の減損リスクの対応策

　リスクマネジメントにおいて，リスク対応策としてまず（1）**リスク・コントロール**，すなわちリスクの発生頻度や影響を制御する活動があり，通常リスク制御といいます。それは，(a) 制度規制などの**ハード・コントロール**や，(b) 自主規制などの**ソフト・コントロール**です。また，他の方策に，（2）**リスク・ファイナンス**があり，これはリスクを自己負担したり，第三に転嫁したりするための資金計画をいい，保険・保証・デリバティブ等の各手段を意味します。

（1）ハード・コントロール（デューデリジェンス）

　買収時ののれんの計上額の評価が適切に行われるように，また異常な高値の

買い物とならないように，リスク・コントロールとして，財務，税務や法務等の制度規制や基準などに準拠したデューデリジェンス（資産価値の査定手続）といわれるハード・コントロールが実施されます。

　周知のように，M&Aは双方の基本合意の後，まず，買収対象企業の中身を検証して，その価値（価格）を決定する際の判断材料を得るデューデリジェンスの作業が行われます。通常，会計事務所や法律事務所に委託して，財務，税務，法務，既存事業への影響，買収後の相乗効果等の観点から，また，知的財産権やノウハウ等がある場合は，それらの専門家の観点から買収対象企業の調査がなされます。買収対象企業が現在および将来にわたって，予定される収益やキャッシュフローを生み出せる企業能力を有するかを測る重要な調査です。そのために，各事業部門の責任者や担当役員にインタビューを実施し，主要な事務所，工場，営業所や物流センター，必要に応じて，海外主要拠点の現地を訪問して，帳簿や書類と実際の資産・負債状態を突き合わせる確認作業がなされます。そこでは，帳簿在庫と実在庫の突き合わせ，土地，建物，設備等の存在，遊休・稼働状況，消耗・陳腐化，人事・給与・報酬体系・制度，基幹ITシステムの現在の査定とともに，買収後の統合計画時に巨額の費用が発生するリスクがあるか，また，買収後の相乗効果についてなどプラス面の調査も行われます。

（2）ソフト・コントロール（PMI）

　M&Aリスクの対応策のリスク・コントロールのうち，自主規制などのソフト・コントロールとして，経営統合プロセス・マネジメントであるPMI（ポスト・マージャー・インテグレーション）があります。買収価格を決定する際，デューデリジェンス報告書に基づき，企業価値評価に経営統合のマネジメントであるPMIの効果を織り込んだ期待値ともいえるプレミアムを加えて決める必要があります。PMIとは，期待したM&Aによる統合効果を確実にするための統合プロセス・マネジメントを意味し，このプロセスが十分であるかにより，買収後の相乗効果の成果や巨額の減損リスクの削減・回避の程度が異なってきます。

（3）リスク・ファイナンス

　昨今，M&Aリスクに対してリスク・ファイナンスの観点からの対応策商品

が販売され始めています。具体的には，日本の海外現地法人によるM&Aリスクを補償する保険の販売です。ある大手保険会社は買収した海外企業の財務状況に虚偽が発覚して損害を被った場合などに一定額を補償する保険を販売します。買収契約書に買収先の企業の資産内容や財務状況などの正しさを証明する条項を記載し，後に虚偽が確認された場合に買手が売手に対して損害賠償を請求できる「表明保証条項」を盛り込みます。両社間で賠償額に大きな隔たりが生じた差額については保険で補償します。保険対象M&A案件は100億円以上，保証額は買収額の20％程度を目安とし，保険料は1〜5％程度としています。

おわりに

　グローバル企業は，これまで，クロスボーダーM&Aによるグローバル化戦略により，地球的規模で，調達，生産，販売のそれぞれの市場の最適な場所を選択して展開してきました。

　ところが，近年のグローバル経済の発展の中で，地球的規模で構築したサプライチェーン（調達・生産・販売市場）のグローバル化に対して，それを破壊するような多大な損失を引き起こす事象が一気に発生し，再構築が求められています。その事象とは，コロナ禍における物流混乱，異常気象による食料の不作，脱炭素に向けた資源・エネルギー需要の急激なシフト，ロシアによるウクライナ侵略の影響による地政学的リスクによる資源配分の分断化などです。

　特に，日本は，資源を持たない国，つまり，多くの資源を海外から輸入して，国民の生活を維持し，国内外の経済活動を行っている国です。主要な資源である食料，エネルギーや鉱物資源の自給率は極めて低いので，多大な影響を受けて，交易条件が悪化し，日本の対外純資産の急激な減少が生じるリスクにさらされています。早急に強靭なサプライチェーンの構築が求められているゆえんです。

コラム

アライアンス経営戦略のガバナンスと多様性リスクへの挑戦

　アライアンス経営戦略には，資本関係，連携の速さや解消時のリスクの大小から，

連携（生産／販売／開発／物流），ジョイントベンチャー，資本参加，持株会社による統合および合併・買収（M&A）といった多様な選択肢があります（**図表3-7**）。

　M&Aにより飲み込まれるのを嫌い，連携や資本参加の経営戦略で巨大企業に挑んだスズキ㈱の鈴木修会長の例があります。鈴木氏は43年間にわたってスズキ㈱の経営トップを務め，強固なガバナンスで売上高3兆円の世界的な小型車メーカーに育て上げました。1998年にGMと業務提携し，GMがスズキの株式5.3％を取得した時は，「スズキはGMに飲み込まれてしまうのではないか」という声も上がりましたが，当時の鈴木修社長は記者会見で「GMは鯨でスズキは蚊，いざという時に，飲み込まれずに空高く舞い上がり飛んでゆく」と答えたエピソードがあります。実際，スズキはGMとの提携を通じて北米市場への進出と技術指導を得て，共同開発により「クルマづくり」をGMから学び，飲み込まれないまま，2008年に資本提携を解消しました。

図表3-7　アライアンス経営戦略の選択肢

出典：浅田［2011］等を参考に筆者作成。

　スズキは次に，2009年には独VWと包括提携を行いました。しかし，両社の思惑は異なり，独VWはスズキを傘下に入れることを望み，スズキはそれを嫌い，2015年8月に解消しました。さらに，2019年8月にはトヨタと資本提携で合意。トヨタが960億円出資してスズキの5％程度を持ち，スズキもトヨタに480億円程度出資しました。スズキは2020年3月で創立100周年を迎え，次の100年を歩むパートナーとしてトヨタを選びました。鈴木修氏から引き継いだ経営陣は，今後どのようなアライアンス経営戦略を選択するのでしょうか。

参考文献

浅田孝幸［2011］「戦略管理会計の考察」『戦略管理会計』中央経済社。
上田和勇［2008］「保険企業におけるリスクマネジメントの役割」『危険と管理』日本リスクマネジメント学会，57-58頁。
上田和勇［2012］『事例で学ぶリスクマネジメント入門』同文舘出版，3頁。
上田和勇編著［2021］『復元力と幸福経営を生むリスクマネジメント』同文舘出版。
籠屋邦夫［2009］『意思決定の理論と技法』ダイヤモンド社。
高野仁一［2013］『グローバル企業のリスクマネジメント』専修大学出版局。
宮島英昭［2007］『日本のM&A』東洋経済新報社。
渡邊顯・辺見紀男［2006］『敵対的買収と企業防衛』日本経済新聞社。
Doupnik, T. and H. Perera［2008］*International Accounting*, McGraw-Hill, pp.1-16.
Timmons, J.A. and S. Spinelli Jr.［2003］*New Venture Creation*, p.561.

第 4 章

グローバル経営における
CSRとリスクマネジメント

■**本章で学ぶこと**■

持続可能な社会のための経済活動において，企業の社会的責任（Corporate Social Responsibility, CSR）は欠かせません。

本章では，最初にCSRの概要とそれを構成する各責任，およびリスクマネジメント（RM）との関係を理解してください。CSRとRMは企業経営の根幹をなす概念です。そして日本は貿易立国であり，特にアジアを対象としたグローバル経営が欠かせないことも確認してください。

次にCSRの先進企業であるイオン株式会社の事例を見ながら，アジアを中心としたグローバル経営とCSRの具体的内容を把握してください。CSRといっても多様であることがわかります。

最後に，アジアといってもその内容は国によって様々です。これを考慮した上で，アジアへ進出してグローバル経営を行う日本企業の今後のCSRの方向性について学んでください。

■**キーワード**■

持続可能な開発，企業の社会的責任（CSR），ノブレスオブリージュ，ESG経営，フェアトレード，CSV経営

はじめに

　今，世界で最も重要視されている議論の一つが「持続可能な社会の実現（開発）」です。「持続可能」という理念は，1987年，国連の環境と開発に関する世界委員会（WCED）の最終報告書「地球の未来を守るために（Our Common Future）」（いわゆる「ブルントラント報告書」）において提唱されたものです。ブルントラント報告書では，**持続可能な開発**とは「将来の世代のニーズを充たしつつ，現在の世代のニーズをも満足させるような開発」とされています。この持続可能な社会の実現のためには環境問題や貧困問題を中心とした様々な社会的課題を解決していかなければいけません。

　そして，現代社会の経済活動において，最も影響力がある組織が企業です。この企業活動を正常に保ち，企業活動を通して持続可能な社会の実現に貢献しようとするのが**企業の社会的責任**（Corporate Social Responsibility, **CSR**）（以下CSR）です。世界はますますグローバル化が進んでいます。それに伴い，企業活動に大切なCSRもグローバルに対応することが求められています。

Ⅰ　現状・実態

1　CSRとリスクマネジメント

（1）CSRの定義

　皆さんが「人の責任とは何ですか？」と問われた時に，いろいろな側面で考えて答えることになるかと思います。嘘をつかない，約束を守る，法律を守る，弱いものいじめはしない，といった常識的なことを人の責任と考えるかもしれません。また，人によっては，積極的に社会的課題を解決して社会の発展に貢献すべきといった**ノブレスオブリージュ**（高貴なるものの責任）が人の責任と思う人もいるでしょう。このように人の責任といっても，個人の価値観，所属する社会の認識，個人の置かれた立場などによって答えやそのレベルは様々です。このことは組織である企業の社会的責任を問うCSRも同じです。よって，CSRには様々な定義があります。ただ，重要な項目は共通しています。筆者は，

CSRとは「本業を通して社会に貢献し，ステークホルダーと共存共栄を図りながら，持続可能な社会の実現に貢献すること」と考えています。本業を通して世の中に貢献するというのが会社の存在意義です。その存在意義を誠実に実現することがCSRの本質だからです（**図表4-1**）。

　このCSRは次に述べる6つの責任から構成されています。

①法的責任（法律を守る責任，コンプライアンス）

②経済的責任（利益を上げて会社を存続させる責任）

③情報開示責任（会社の内容を正しくステークホルダーに開示する責任）

④社会・環境配慮責任（社会や環境に配慮して経営を行う責任）

⑤リスクマネジメント（RM）（会社経営上のリスクを適切にマネジメントする責任）

⑥統治責任（企業統治を適切に行う責任，コーポレート・ガバナンス）

図表4-1　企業の社会的責任（CSR）

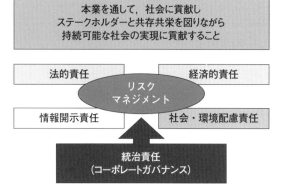

出典：筆者作成。

　また，CSRに配慮した経営のことを，会社経営上配慮しなければならない3つの側面である，環境（E），社会（S），統治（G）の頭文字をとって**ESG経営**といいます。最近の企業評価の基準はこのESG経営に優れているかどうかが主流となってきています。

（2）CSRと企業リスク

　法的責任を果たさない場合，過去にたくさんの例があるように，会社は最悪法令違反で倒産に至ります。経済的責任，すなわち利益を上げることは，それそのものが企業の社会的責任と考える人がいるくらい大切です。利益を獲得できないことは，会社倒産を引き起こす最も大きなリスクです。情報開示責任を怠ることは従業員や株主といった様々なステークホルダーの信頼を失い，最悪の場合，例えば粉飾決算のように法令違反を問われ法的責任と複合します。社会・環境配慮責任を怠ることは社会的な信頼を失うばかりでなく，かつてのナイキの児童労働問題や数多くの会社の公害問題があったように，会社にとって致命的なリスクとなります。そして，これらを統括する統治責任が重要であることは言うまでもありません。特に会社のトップが不祥事を先導して倒産した会社は枚挙にいとまがありません。

　このようにCSRの各責任において，その責任を適切に果たさないことには大きなリスクがあります。よって，CSRを適切に果たすことは企業リスクの低減となります。一方，逆もいえます。すなわち日常業務において業務のリスクを考えRMを強化することは，結果としてCSRの遂行を促進することにつながります。

② 日本企業のグローバル化

（1）貿易立国日本

　日本は明治維新後の近代化においても，第二次世界大戦の敗北からの復興においても，貿易によって国を発展させてきました。海外から原材料を輸入し，それを日本の優れた技術で製品に加工して，海外へ輸出することが経済の基本構造となっています。

　日本が貿易立国として歩んだ結果，日本人の日常生活は海外との取引なしでは成り立たなくなっています。皆さんが着ている服，毎日食べているパンや肉，発電のためのエネルギー，建物を作るための木材や鉄鋼など，ほとんどのものを輸入に頼っています。農林水産省によれば，2020年の日本の食料自給率はカロリーベースで37%です。また，経済産業省によれば，2019年の日本のエネルギー自給率はわずか12%にしか過ぎません。人が生きていく上で最も大切な食

べ物やエネルギーが，貿易に依存することによって成り立っているのです。

　日本貿易会によれば，2021年の日本の輸出額は83兆円，同じく輸入額が85兆円，輸出入を合わせた対世界貿易総額が168兆円となっています。日本はアメリカ，中国，ドイツに次ぐ世界第4位の貿易大国です。日本はこのように貿易を目的とした海外ビジネスとは欠かせない関係にあります。

　これに加え，20世紀半ばから始まったIT技術の進展は第三次産業革命と呼ばれ，この結果，世界的にも，日本企業においても，ビジネスのグローバルにますます拍車がかかっています。

（2）アジアとの関係

　日本貿易振興機構（ジェトロ）における2021年度のアンケートによれば，日本企業は輸出・輸入ともに相手国の上位10か国のうち8か国がアジアの国々となっています。このように，日本の貿易においてアジア諸国は最大の相手となっています（**図表4-2**）。

図表4-2　貿易の相手国

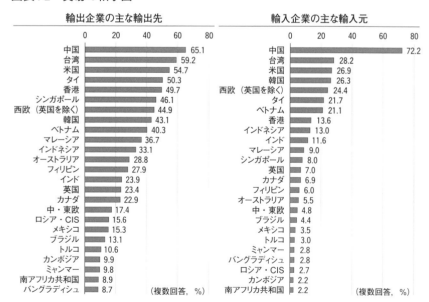

輸出企業の主な輸出先		輸入企業の主な輸入元	
中国	65.1	中国	72.2
台湾	59.2	台湾	28.2
米国	54.7	米国	26.9
タイ	50.3	韓国	26.3
香港	49.7	西欧（英国を除く）	24.4
シンガポール	46.1	タイ	21.7
西欧（英国を除く）	44.9	ベトナム	21.1
韓国	43.1	香港	13.6
ベトナム	40.3	インドネシア	13.0
マレーシア	36.7	インド	11.6
インドネシア	33.1	マレーシア	9.0
オーストラリア	28.8	シンガポール	8.0
フィリピン	27.9	英国	7.0
インド	23.9	カナダ	6.9
英国	23.4	フィリピン	6.0
カナダ	22.9	オーストラリア	5.5
中・東欧	17.4	中・東欧	4.8
ロシア・CIS	15.6	ブラジル	4.4
メキシコ	15.3	メキシコ	3.5
ブラジル	13.1	トルコ	3.0
トルコ	10.6	ミャンマー	2.8
カンボジア	9.9	バングラディシュ	2.8
ミャンマー	9.8	ロシア・CIS	2.7
南アフリカ共和国	8.9	カンボジア	2.2
バングラディシュ	8.7 （複数回答，%）	南アフリカ共和国	2.2 （複数回答，%）

出典：日本貿易振興機構［2022］。

　日本とアジアの関係が重要なのは，貿易ばかりではありません。日本国内で働く外国人労働者が増えています。厚生労働省によれば2021年10月末の日本で働く外国人労働者は172.7万人で，10年前から2.5倍となっています。また外国人労働者を雇う事業所も同様に2倍以上に増えています。同じく厚生労働省によると，国別で人数が示されているアジア人の労働者の総数は126.0万人です。これには開示されていないアジアの国からの労働者は含まれませんが，少なくとも日本で働く外国人労働者の73%がアジアからの労働者となっています。

　このように日本のグローバル化においてはアジアが最も大きな割合を占めています。そして，前節で述べたように企業経営におけるCSRはRMも含めその根幹です。このように，CSR，RM，アジアという3つのキーワードは今後の日本の企業経営を考える上で極めて重要であることがわかります。

Ⅱ　分析・評価

　前節までに述べたように，日本企業のグローバル化にはアジアに対するビジネス展開が欠かせません。本節ではアジアへの事業展開を積極的に行っている代表的企業であるイオン株式会社（以下イオン）について考えます。同社はCSRにおいて世界的に評価されています。イオンのCSRの概要を把握するとともに，アジアにおける影響などを分析したいと思います。

1 イオンの会社概要とアジアでの展開

　イオンは日本を代表する小売業です。2022年度の営業収益は8兆7,160億円，経常利益は1,670億円です。ライバルである株式会社セブン＆アイ・ホールディングスとともに，小売業において常に日本一を争う存在です。「AEON 2022-2023 COMPANY PROFILE 会社案内」によると，事業を展開する国は15か国，顧客数約44億人，店舗数20,008店舗，グループ従業員数約56万人となっています。

　イオンは日本以外では全てアジアで店舗展開しています。ベトナムのようにその国のスーパーマーケットの最大手となっているところもあります。「イオンレポート2021」では「アジア全体をマーケットとし，環境変化を捉えて事業領域を拡大することで持続的な成長を実現しています」として，アジアを経営

戦略の中心に据えていることが明確です。同じく2020年度におけるアジアでの営業収益は6,091億円であり，会社全体の営業収益の7.1％を占めています。また，アジアにおける営業利益は252億円であり，会社全体の営業利益の16.7％を占めており，会社全体に対してアジアが高い利益率となっています。

2 イオンにおけるサステナブル経営とCSRの推進

　東洋経済新報社が毎年日本企業のCSRランキングを発表しています。イオンは2022年度において調査対象となった1,631社中46位であり，日本企業の中でCSRに優れた企業であることがわかります。同社は世界的に見てもCSRに配慮したESG経営が評価されています。株式市場にはESGに優れた企業から構成されるESGインデックスがありますが，イオンはその代表的なものである，「Dow Jones Sustainable World Index」「FTSE4Good」「MSCI ESG Leaders Indexes」いずれにも選定されています。

　イオンは，事業を通して環境・社会課題の解決を目指すことを「サステナブル経営」と位置づけCSRを推進しています。本業の推進そのものがCSRの推進と考えているということです。そのために「イオンサステナビリティ基本方針」を制定しています。

3 イオンのCSRの具体的施策とアジアとの関係

　イオンの具体的なCSRの推進施策（イオンでは「サステナビリティの活動」という表現を使っています）は数が多く，また内容も多岐にわたっています。同社のサステナビリティの活動内容，およびそれに関わるデータの開示は以下の**図表4-3**のようになっています。こちらを参考に，アジアに関係する部分について考えていきたいと思います。

（1）持続可能な調達

　食品を販売するイオンにとって持続可能な調達はまさに本業中の本業で，持続可能な社会の実現に貢献するCSRの推進施策です。イオンは「イオン持続可能な調達原則」を次のような内容で制定し，その推進を行っています。
①自然資源の違法な取引・採取・漁獲の排除

図表4-3　イオン社のサステナビリティの活動内容

Sustainable Planet	
脱炭素・気候変動	持続可能な調達
資源循環・食品廃棄物	人権に配慮した公正なビジネス
生物多様性・環境保全	
Heartful Community	
街づくり・絆づくり	次世代育成・支援
防災・災害時のライフライン	
Healthy & Empowered People	
食の安全・安心	人にやさしいデジタル化社会
ヘルス＆ウエルネス	ダイバーシティ＆インクルージョン
人生100年社会	雇用・働き方・働きがい
Data Selection	
環境マネジメント	GRIスタンダード対照表
環境会計	事業展開/会社概要
外部格付・社外からの表彰一覧	

出典：イオン株式会社［2021b］を参考に筆者作成。

②生物多様性保全，自然資源枯渇防止の観点からの自社基準
③再生不可能な資源利用の最小化
④農作物・漁業資源の産地・漁獲方法などのトレーサビリティーの確立
⑤保護価値が高い森林破壊の防止

　上記のほか，イオンは林産物（紙・パルプ・木材）を対象に「イオン森林資源調達方針」を定めています。
　これらの方針のもと，国産ばかりでなく世界的な規模で持続可能な調達を推進しています。また，野菜，肉，水産物，油，お茶など，各産品には各々の国際基準がありそれを遵守しています。
　アジアに関係するものとしては，水産物についてはアジアの小売業で初めて「世界水産物持続可能性イニシアチブ（GSSI）」に参加しています。また，パーム油については，プライベートブランドにおいて100％持続可能な認証がある商品の取得を目標としています。このパーム油は森林破壊ばかりでなく農園における強制労働や児童労働の問題が指摘されており，アジアにおける環境社

会問題の代表例となっています。同様にイオンはチョコレートやコーヒーのフェアトレードを推進しています。**フェアトレード**とは，発展途上国の原料や製品を，その労働者の人権を守りながら，適正な価格で継続的に購入することにより，立場の弱い発展途上国の生産者や労働者の生活改善と自立を目指す貿易の仕組みです。

（2）人権に配慮した公正なビジネス

　私たちはアジアと一言でいってしまいますが，人種，生活習慣，価値観，宗教などは国によって異なり，極めて多様です。また，日本人にとってイメージしづらいと思いますが，一つの国なのに他民族であることはアジアでは珍しくありません。加えて，2013年にバングラディシュで起きた「ラナプラザ倒壊事故」のように人権を無視した労働がアジアにおいて深刻であった歴史があります。

　イオンは，グループ従業員や取引先を含む全てのステークホルダーの人権の尊重が，グローバルな事業活動において極めて重要な社会的責任であると捉え，その基本方針として「イオンの人権基本方針」を定めています。

　具体的には，人権教育，従業員の意識調査，海外グループ企業に対するアンケートの実施，ヘルプラインシステム，グローバルな枠組みとの協定締結や認証などを行っています。また，関連会社にもこれを徹底しています。

　この人権尊重はサプライヤーにも及びます。「イオンサプライヤー行動規範」を制定し，サプライチェーン全体に人権尊重を促進しています。

（3）次世代育成・支援

　イオンは社会貢献活動としてアジアに対して次世代育成・支援を行っています。イオンにはイオンワンパーセントクラブという利益に連動した寄付基金があり，支援金はそこから拠出されています。アジアに関わる活動は以下の通りです。

①イオンチアーズクラブ（子どもたちの社会・環境活動）

②学校建設支援事業

③アジアユースリーダーズ（若者による社会問題の議論の場）

④イオンスカラーシップ（アジアを対象とした奨学金制度）

⑤アジア学生交流環境フォーラム

アジアに限らず次世代のための人材育成は重要です。アジアと日本との関係を考えると，若者に対して日本の基金で援助を行うことは，イオンばかりでなく日本全体の信頼を上げることになります。

（4）ダイバーシティ＆インクルージョン

イオンは人種や年齢，国籍，性別にとらわれず，意欲ある人が平等にチャレンジできる環境を整え，従業員一人ひとりの成長がお客様満足を高める企業を目指すとして，人材の多様化を図っています。その中で，当然のことながら，アジアからの積極的人材採用を方針としています。

Ⅲ　対応策・提言

先進的なイオンの取り組みも参考にして，日本企業が今後アジアにおいてグローバル経営を展開するにあたって，CSRの観点からはどのようなことに留意したらよいのでしょうか。

1　自社におけるCSRの徹底

経営をグローバル化するためには，基盤である自社のCSRの強化が欠かせません。それが基本です。そして，CSRは理念ばかりでなく日常業務において実践されなければいけません。例えば，法的責任においては法律を守ることは当然として，日常業務における業務関連法規に精通することが大切です。社会環境配慮責任においては職場での配慮や常に本業で社会的課題を解決できないかを考える必要があります。情報開示責任においても，IRの部署ばかりでなく日常業務の「ホウ・レン・ソウ」が大切となります。これは他のCSR項目でも同じです。この日常業務におけるCSRを意識した積み重ねが会社の基礎となり，グローバル経営とその発展をもたらすことになります。

2　グローバル化の段階に合わせたCSR

企業経営のグローバル化は，国内だけの事業展開から，①製品・サービスの輸出，②日本を本社とした現地での生産・事業展開，③必ずしも日本を本社と

せず適切な場所を本社機能とする事業展開，と進みます。これをエントリーモードといいます。

　グローバル経営におけるCSRも，段階によって留意すべき点が異なります。まずは初期段階においては取引先とその商品への配慮が重要となります。取引先のCSRの状況，商品の社会環境配慮などを考慮して取引を開始します。その後の発展においては，CSRの中心はマネジメントに移ります。特に現地でのマネジメントにおけるCSRの配慮が重要となってきます。すなわち，グローバル化の進展においては，モノやサービスに関連するCSRから人に関連するCSRへと重要度が変化すると考えます。

3　アジアの多様性を考慮したCSR

　アジアと一口でいっても国や地域により様々な違いがあります。

　まずは，所得の格差です。国際通貨基金（IMF）によると，2021年度の国民1人当たりGDPは，上位からシンガポール（72,795米ドル），香港（49,865米ドル），マカオ（43,772米ドル）となっており，日本（39,301米ドル）はそれに続き第4位です。以下，韓国，台湾，ブルネイと続いています。一方，最貧国（第25位）はネパール（1,209米ドル）であり，その上位が，ミャンマー（1,217米ドル），パキスタン（1,564米ドル），カンボジア（1,662米ドル）となっています。1人当たりGDP第1位のシンガポールと最下位（25位）のネパールとの差は60倍にもなります。

　また，民族も宗教も多様です。欧米はキリスト教で語られますが，アジアの場合，代表的な，仏教，イスラム教，キリスト教ばかりでなくインドのヒンズー教のように国によって様々です。そして，これに伴って文化や価値観，生活習慣も異なります。

　グローバル経営におけるCSRでは，このような多様性を配慮しなければいけません。CSRは欧米で発達した概念です。CSRの考え方の最先端は欧米にありますが，それが必ずしも有効になるとは限りません。理想とは少し離れていても，その国の状況に合わせることが大切です。

4 アジアの発展を目的としたCSV経営

　CSV経営（Created Share Value, CSV）とは，本業を通して社会的課題を解決し，社会と企業の価値を向上させる経営戦略です。アメリカの経営学者であるマイケル・ポーターによって提唱されました。CSRには様々な側面がありますが，中でもCSV経営は社会的課題の解決を経営戦略の中心に据えることによって利益と企業価値を上げようとするものです。また，同様な概念で，貧困層を対象としてビジネスを展開することがBOPビジネスです。

　CSV経営は既に世界中で取り組まれています。食品大手のネスレやダノン，アパレルのパタゴニア，日本でもキリンやカゴメといった企業が戦略として取り入れています。

　まだまだ貧困国が多いアジア諸国に対して，日本企業がアジアへ進出する場合には，この戦略が有効と考えます。今まで想定していなかった貧困層を対象としてビジネスを展開することは，新たな市場の開拓とそれに適合する新たな商品開発がなされます。もちろん難易度は高いのですが，成功すればするだけ大きなマーケットを手に入れることができます。また，貧困層相手にビジネスをするにはNGOなど非営利団体との協働が欠かせません。その意味で企業経営の幅を広げることになります。

おわりに

　企業経営のグローバル化においてはCSRが重要です。特に日本は食料もエネルギーも海外に依存する貿易立国であり，企業のグローバル化が進んでいます。そして，その最も大きな相手はアジア諸国です。

　世界的にもCSRに優れていて，アジアをビジネスの中心としているイオンのCSRの内容は多岐にわたり，その各々がステークホルダーに少なからず影響を及ぼしていました。

　今後の日本企業のアジアへの展開において，CSRとその一要素であるRMを大切にすることは企業経営の根幹理念であり，未来の持続可能な社会の実現のために不可欠です。

ケルティック・ホスピタリティー

　企業がCSRを考え実行する場合，ステークホルダーを大切に思う「ホスピタリティー」が欠かせません。

　筆者は若い頃イギリスのロンドンに駐在していました。イギリスはイングランド，スコットランド，北アイルランド，ウェールズからなる連合王国です。そして，ロンドンにはイングリッシュパブとスコティッシュパブがありました。パブは居酒屋ですが，日本人の私には両者の違いがわかりません。イギリス人の友人に違いを尋ねたところ「スコットランドはかつてのケルト民族の国であり，のちにイギリスを征服したアングロサクソンの人々に比べて，ホスピタリティーに富んでいる。だからスコティッシュパブにはおもてなしの心がある。」と教えられました。もちろんそれは事実かどうかわかりません。

　その後，スコットランドのスカイ島に家族で旅行した時のことです。さほど高級ではないホテルに泊まり，夕食に私と妻，そして当時5歳だった娘がそろって鴨のローストを頼みました。しばらくしてローストが出てきました。私のローストは骨付きの半身でした。妻のローストは同じく半身でしたが骨が取ってありました。そして娘のローストは子どもが食べきれる半身より小さい大きさで，骨が取ってあり，しかも一口で食べられるように切ってありました。見事な気配りです。私はこのスカイ島でのケルティック・ホスピタリティーを驚きとともに実感しました。心が温まる経験であり，今でも旅の良い思い出となっています。

参考文献

赤池学・水上武彦［2013］『CSV経営』NTT出版。
アジア・太平洋人権情報センター［2004］『アジア・太平洋人権レビュー』現代人文社。
イオン株式会社［2021a］「イオンレポート2021」。
イオン株式会社［2021b］「イオンサステナビリティデータブック2021」。
イオン株式会社［2022］「AEON 2022-2023 COMPANY PROFILE 会社案内」。
岩井克人・小宮山宏［2014］『会社は社会を変えられる』プレジデント社。
岩坂健志・唐木宏一［2020］『金融機能による社会的課題の解決』白桃書房。
上田和勇・小林守・田畠真弓・池部亮［2022］『わかりあえる経営力＝異文化マネジメントを学ぶ』同文舘出版。
厚生労働省［2022］「「外国人雇用状況」の届出状況まとめ（令和3年10月末現在)」。
谷本寛治［2020］『企業と社会』中央経済社。
日本貿易会［2022］「日本貿易の現状2022」。
日本貿易振興機構［2022］「2021年度　日本企業の海外展開に関するアンケート」。
ハーバードビジネスレビュー［2011］『マイケルE.ポーター　戦略と競争誘因』ダイヤモンド社。
原田順子・洞口治夫［2019］『国際経営』放送大学教育振興会。
藤井敏彦・新谷大輔［2008］『アジアのCSRと日本のCSR』日科技連出版社。
宮崎哲也［2013］『イノベーション＆CSR時代のグローバルビジネス入門』秀和システム。

第 3 部

グローバル経営における
オペレーショナル・
リスクマネジメント

第 5 章

アジアのグローバル・サプライチェーンとリスクマネジメント

■本章で学ぶこと■

　戦後の世界経済が推進してきた自由貿易は国家間の取引を拡大させ，より豊富で，質の高い財やサービスを私たちの生活にもたらしました。また，生産活動についても製造業だけでなくサービス産業も含め，企業の海外展開が進みました。企業はグローバル化し競争力を高めるために生産に必要な素材加工，部品，キーデバイス，完成品組立の最適地生産を進めてきました。この結果，グローバル・サプライチェーン（GSC）は複数国間に展開し，重層的な構造を持つようになってきたのです。

　しかしながら，最近ではアメリカと中国との間の対立が顕在化し，新冷戦の様相を呈しています。関税合戦となった貿易戦争，通信や半導体などの技術覇権争い，ウクライナ危機による外交上の対立，台湾を巡る軍事的な緊張などGSCを取り巻く不確実性は増しています。自由貿易を前提としたGSCは米中対立によってどのようなリスクにさらされ，どのような再編が必要になるでしょうか。本章では半導体の貿易結合度から見たアジア地域のGSCの実態を考察し，GSC再編に向けた提言を試みます。

■キーワード■

　グローバル・サプライチェーン（GSC），米中対立，貿易結合度，半導体，中立的なサプライチェーン，チャイナ・プラス・ワン，デカップリング

はじめに

　新聞や雑誌などメディアを通じて，**グローバル・サプライチェーン**（以下，GSC）やグローバル・バリュー・チェーン（以下，GVC）という言葉を目にする機会が増えてきました。GSCは「国際的な供給網」，GVCは「国際的な付加価値網」と訳せます。両単語ともに国際的な企業間の調達や供給のネットワークを指す言葉です。チェーンという単語は特定の財やサービスが市場で提供されるまでの間に必要とされる材料，部品，サービスとの連携を「鎖」に例えた表現です。本章ではGSCという略語に統一して考察していきます。

　『日本経済新聞』電子版でGSCやGVCに関する記事検索をしてみると，途絶，危機，リスクなど，どちらかというとマイナスの文脈で使用されることが多いようです。2011年3月の東日本大震災で東北地域の半導体工場が被災し，自動車のGSCが途絶したことがありました。また2012年には中国で反日デモが吹き荒れ，日本の工場が一定期間停止し部品などの納期遅れが生じました。最近では新型コロナウイルスが流行しマスクが欠品するなど，複雑になったGSCは常に途絶リスクと隣り合わせなのです。

　GSCはいうなれば，重層的な相互依存関係を国際間で緊密化させてきたことの帰結であり成果物です。しかし，成果物であるはずのGSCはその複雑な構造に起因して，地政学リスクや国際政治の影響を思わぬところで受けることがあります。一方，戦争，感染症，自然災害，貿易摩擦，大国間の対立に起因するリスクは企業や個人で管理できるものではありません。

　本章では様々なリスクの中でも特に注目される**米中対立**によって影響を受ける**半導体**に注目し，貿易結合度から国・地域的な結びつきの緊密さを考察します。そしてGSCの今後の在り方について試論を述べたいと思います。

Ⅰ　現状・実態

1　日本企業の海外進出の現状

　2021年末の日本の対外直接投資残高は1兆9,872億ドルと2兆ドルに迫る規

模となり，1996年時点から比較すると7.7倍に拡大しました[1]。対外直接投資とは日本企業が外国に法人を設立して製造業やサービス業などの事業を経営し収益を得るものです。例えば，日本企業が外国に工場進出したり，オフィスビルなどの不動産を購入したり，銀行や生命保険などの金融系企業の現地法人を設立したり，あるいはコンビニエンス・ストアやスーパー・マーケットなどの小売業や寿司・ラーメン・うどん店など外食チェーンが日本から世界進出して拡大してきたものです。いわば対外直接投資残高とは日本企業が海外で稼ぐために日本から持ち出され，現在海外に置かれている資産でもあります。日本企業のグローバル化は直接投資を受け入れる外国の市場開放，つまり自由貿易の進展と並行して進められてきたのです。

　日本の対外直接投資の地域別動向を見ると，北米（34.4％），アジア（28.3％），欧州（26.9％）となります。国別ではアメリカ（33.3％），イギリス（9.3％），中国（7.4％）が上位の投資先国です。一般的に投資額が大きくなるのは，製造業ではなくサービス産業で，特に金融，不動産向け投資が大規模になりがちです。なお，中国では外国企業による不動産投資は難しく，また金融分野でも参入障壁があるため，サービス産業よりも製造業が投資の中心となっています。

　2021年の投資残高を1996年比で見ると，増加幅が大きかったのは，アジアではインド（39.3倍），中国（18.1倍），韓国（11.6倍），中南米ではメキシコ（25.3倍），欧州ではスウェーデン（78.4倍），ロシア（68.2倍），オランダ（16.2倍）などでした。中国やロシアは1990年代初頭の冷戦終結後に世界市場に加わりましたので増加幅が大きくなったのかもしれません。インドは中国と並び人口規模が大きいことから自動車やオートバイなどの内需型産業の投資が多く含まれます。メキシコは**北米自由貿易協定（NAFTA）**[2]があることから，米国市場向け輸出生産拠点として注目されてきました。なお，日本企業の投資は日本国からの投資だけではありません。グローバル化が進んだ現在，日本企業はシンガポール，香港，オランダなどにある自社現地法人から投資するケースも増えて

---

1 本項での投資関連の数値は日本貿易振興機構（JETRO）「直接投資統計」（ウェブサイト）による（数値の原典は日本銀行ウェブサイト「国際収支統計」）。

2 2020年からは，米国・メキシコ・カナダ協定（USMCA）となっています。

います。

　業種別に見ると，コロナ禍以前の2019年の日本からの対外直接投資（ネット，フロー）は，製造業が44.7％（2005年は57.5％）を占め，卸売・小売業が24.9％（同10.2％），金融・保険15.8％（同20.3％）などサービス産業が55.3％（同42.5％）となりました。2005年と比較してサービス産業の比率が上昇していることがわかります。これは日本の国内市場が少子高齢化で市場拡大が期待できないといったこともありますが，自由貿易の進展で外国市場の規制緩和が進み，参入障壁が下がったことが背景にあります。

2　日本製造業の進出先

　図表5-1は国際協力銀行（JBIC）が日本の製造業の日本本社に対して毎年行っている調査で，中期的（今後3年程度）有望事業展開先国・地域について聞いています。いうなれば，日本製造業の人気進出先の変化を見るための設問です。1998年から2013年までの期間，日本の製造業の投資先として中国が圧倒的な人気を博しました。しかし2012年に尖閣諸島領有権問題に端を発した反日デモが中国で発生し，また，この頃から中国の賃金上昇など様々なコストアップ要因も重なり，日本企業の中国人気は急速に減じていったのです。

　減じたとはいっても，現在でも中国は最も人気のある投資先で，次いでインド，ベトナムとなります。米中対立によって中国の事業環境にリスクがあると思われますが，それは貿易制限など対外的な経済活動に関する部分に限定されていると考えられます。つまり，中国内需向けの生産であれば米中対立リスクは大きくないという判断も可能かもしれません。14億人の巨大市場を持つ中国市場の魅力が大きいこともまた事実で，中国市場でモノを売るのであれば中国で生産するのがリスクを最小化できる方法となります。貿易や対外関係にリスクがある状態が続くのであれば，こうした地産地消的なGSCが今後中国向け生産では拡大していくのではないかと考えられます。

　さて，こうした日本企業の中国への人気の集中は，実際に輸出志向型製造業の直接投資や加工貿易の増加につながり，日本企業の中国依存を高める結果となりました。身の回りの衣料品や家電製品，家具や文房具，100円均一ショップの商品など，あらゆる工業製品が中国で生産され世界に輸出されるようにな

っていったのです。

図表5-1　中期的（今後３年程度）有望事業展開先国・地域

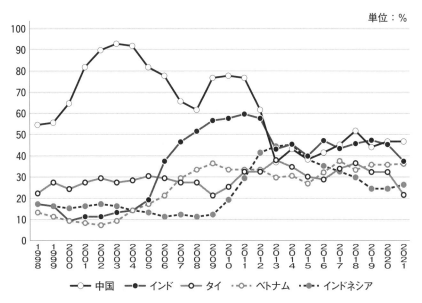

単位：%

出典：JBIC『わが国製造業企業の海外事業展開に関する調査報告』各年版より筆者作成。

香港から出航するコンテナ輸送船。香港は世界の物流センター。（2010年筆者撮影）

　日本企業にとって，中国は生産コストが安価で，工場用地，原材料，労働力の確保が容易でした。中国の事業環境は輸出財を大量に生産するのに最適だったのです。このため，日本企業の中国依存度は上昇し，日本は中国との経済的な関係を深めてきました。

　中国依存度が高まれば，反日デモやコロナ禍での都市封鎖など中国生産に異変が生じた際の日本企業のGSCへの影響も大きくなります。こうした中国一極集中リスクを軽減するため，中国以外の国にも生産拠点を分散させる必要性が2000年代初頭から意識されるよ

うになりました。これが**チャイナ・プラス・ワン**と呼ばれるGSC再編の主な動機となっています[3]。

3 進出企業を取り巻く様々なリスク

　GSCにおけるリスクを検討する際，そのリスクが企業に内在しているものか，あるいは外部要因によるものかという点も重要です。外部要因の場合は，企業がコントロールできるものではなく，リスクへの備えや対策をして影響を少なくするしか方法はありません。一方で内在するリスクは，例えば，労働争議など労務問題や法令遵守を徹底できずに現地行政府から罰せられるといったことがあります。

　日本貿易振興機構（JETRO）が実施するアジア地域に進出した日本企業へのアンケート調査[4]によると，GSCにおける労働・安全衛生などの人権問題について，54％の企業が経営課題として認識していると回答しました。人権については幅広い概念ですが，企業に内在するリスクとしては，法令を逸脱した超過勤務を従業員に強いていないか，作業場の衛生管理ができているか，有毒物質を適切に取り扱っているかといったことです。また，取引先が児童労働や不当な低賃金労働を強いていないかといった企業の外にあるリスクについても，取引先の評判を聞き，調査するなど，自社でリスクを軽減する努力が必要です。

　GSCのリスクの中には，企業がリスク管理可能なものもありますが，企業の外部環境に存在する文化・宗教・教育水準など，進出国・地域における独自のカントリーリスクも存在しているのです。

4 地政学リスクについて

　地政学リスクという言葉もまた近年よく目にします。これは広い意味ではカントリーリスクに含まれるリスクですが，地理的な位置関係によってもたらされる政治的，社会的，軍事的な緊張が高まるリスクです。例えば，ロシアのウクライナ侵攻と西側諸国による制裁によって，石油ガスの価格が上昇したり，

3　池部［2021a］はチャイナ・プラス・ワンの背景やリスクの内容，投資分散先としてベトナムが選好されることについて詳述しています。

4　JETRO『在アジア・オセアニア進出日系企業実態調査　2021年』。

黒海の貿易ルートが遮断されて穀物輸出ができなくなるといったことです。日本にとっては，中国と台湾との間に紛争が生じれば，海運や空運の航路を大きく迂回させる必要が生じます。また，沖縄近海で漁業ができなくなるといったリスクも想定されます。

　この地政学リスクによって引き起こされるGSCへの影響も大きなものになります。例えば，中国内で操業する日系企業が参加するGSCについて考えて

みます。アメリカが台湾防衛に乗り出す場合，日本はアメリカの同盟国ですので，中国から見て日本は敵性国となります。すると日本企業が中国で生産を継続できたとしても日本との間の輸出入が禁じられる可能性が高まります。こうしてGSCの一部が途絶することで，GSC全体が機能しなくなるのです。

ベトナム中部のダナンにある日経縫製工場（2012年筆者撮影）

　　　　　　　現在，大国間の対立リスクについては，米中対立が既に顕在化しています。日本企業が参加するGSCを取り巻く地政学リスクの中で最大のものがこの米中対立といえるでしょう。

5 │ 米中対立の現状

　トランプ政権時代に先鋭化した**米中対立**で，アメリカは対中輸入品に25％の制裁関税を段階的に発動し，中国は報復関税でこれに対抗しました。バイデン政権となってからも，関税合戦は一時休戦状態になっていますが，関税率が緩和される兆しは見られません。2022年8月にはペロシ米下院議長が台湾を訪問し中国が猛反発しました。アメリカの高官が台湾を訪れることは，台湾を国家として認める既成事実化につながるため，台湾について「不可分の領土」「一つの中国」を原則としている中国は看過できないのです[5]。

　米中対立は貿易摩擦や台湾を巡る問題だけではありません。2018年末，中国通信機器大手の華為技術（ファーウェイ）の副会長がカナダで拘束されるなど，

---

5 『日本経済新聞』2022年8月16日，同25日。

次世代の通信技術5Gを巡る米中間の技術覇権争いも顕在化しました[6]。2022年8月には，アメリカは半導体の国産化や開発に対して約7兆円の補助金を投じる法案を成立させました。米系インテルをはじめ，韓国系サムスン電子，世界最大の半導体受託製造企業の台湾積体電路製造（TSMC）などの半導体の新工場をアメリカに建設する費用に対して拠出される見通しです[7]。また，アメリカは経済安全保障の観点から半導体のGSCを日米台韓で連携を強化する「半導体同盟（Chip4）」の結成を目指しているとも報じられています[8]。

　米中対立は貿易戦争が小康状態となる一方，**技術覇権争い**が激しさを増していきそうです。技術覇権の対象となる品目は，半導体以外では，電気自動車（EV）向け蓄電池，情報通信技術，レア・アースといった戦略物資と考えられます。

Ⅱ 分析・評価

1 半導体の貿易結合度の考察

　さて，ここでは技術覇権争いの対象となる半導体のGSCの流れを貿易統計から概観します。半導体を巡る安全保障の議論では，製造装置はどの国のどのメーカーのものか，あるいは半導体生産企業の国籍はどこかといったことも重要な要素となります。しかし，本章では通関統計を使用するので生産地がどこで，輸出入先がどこかということに限定して考察します。また，パラジウムやネオン，シリコンや銅といった素材にまで遡ると，半導体のGSCは長大なものとなります。ここでは**HSコード**（貿易で取り扱う商品の名称や分類を国際的に統一した6桁の番号）を使用してHS8541（半導体デバイス）とHS8542（集積回路）のみを考察対象としました。

　A国がB国に輸出する規模（金額ベース）は，世界がB国に輸出する規模（B国の輸入規模）と比べどの程度であるかを示すものが**貿易結合度**です。例えば，半導体の輸出結合度を見る場合，A国のB国への半導体輸出額がA国の半導体

---

6 『日本経済新聞』2018年12月6日。

7 『日本経済新聞』2022年8月10日。

8 『時事ドットコムニュース』2022年5月20日。

輸出総額に占めるシェアを，世界の半導体輸出総額に占めるB国の対世界半導体輸入額のシェアで除したものです。1.0は世界平均と同等の結合度で，2.0であれば世界平均の2倍の緊密さで結合していることを示します。逆に0.3であれば世界平均の3割程度の希薄な関係（結合度）であることを示します。

　図表5-2は半導体の主要貿易国・地域の貿易結合度を示します。縦軸が輸出国・地域で，横軸が輸出先となります。中国の輸出結合度が高い相手国・地域は，韓国（2.3），ベトナム（2.2），台湾（1.6）で，そのほかの国は概ね平均以下の水準でした。また，韓国にとって最大の輸入結合先は中国（2.3）で，ベトナムの輸入結合度でも韓国（2.6），中国（2.2）となっています。また，日本と台湾との間の輸出入双方の結合度も高い水準にあります。

　一方，アメリカの輸出結合度を見ると，フィリピン（1.8），マレーシア（1.5），タイ（1.4）が高い水準にありました。逆にアメリカへの輸出結合度が高い国・地域はベトナム（4.3），タイ（3.1），マレーシアおよびフィリピン（1.6）と，東南アジアの国々からの結合度が高い結果となりました。

図表5-2　2020年の半導体の輸出結合度

輸出先／輸出国・地域	東アジア				北米	東南アジア				
	中国	台湾	日本	韓国	米国	ベトナム	マレーシア	フィリピン	タイ	シンガポール
東アジア 中国	—	1.6	1.0	2.3	0.3	2.2	1.1	0.8	0.4	0.5
東アジア 台湾	0.8	—	2.9	1.4	0.3	0.2	1.0	1.3	0.7	1.3
東アジア 日本	0.6	2.8	—	1.3	0.8	1.2	1.5	1.4	3.0	0.5
東アジア 韓国	1.0	0.9	0.4	—	0.5	2.6	0.4	2.0	0.4	0.3
北米 米国	0.5	1.0	0.6	1.3	—	0.5	1.5	1.8	1.4	0.4
東南アジア ベトナム	1.0	0.9	0.7	0.4	4.3	—	0.2	0.1	0.3	0.2
東南アジア マレーシア	0.4	1.0	1.3	0.9	1.6	0.6	—	0.5	2.6	2.5
東南アジア フィリピン	0.3	0.7	2.6	0.7	1.6	0.6	0.8	—	1.3	2.5
東南アジア タイ	0.2	0.8	3.4	0.5	3.1	0.9	1.2	2.7	—	1.1
東南アジア シンガポール	0.4	1.3	1.2	1.1	1.0	0.9	2.5	0.8	1.7	—

注：台湾は国ではなく地域。
出典：UN Comtradeより筆者作成。

2　結合度が示すもの

　これまで半導体を巡る貿易結合度を見てきました。半導体は前工程と後工程

とで長大なGSCを擁しており，2国間貿易だけで全体像を見ることはできません。あくまで今回の結合度分析は半導体のGSCの最終製品に近い川下工程部分の生産と貿易に関わる国や地域はどこか？　ということを理解する上で有用となります。しかし，半導体の上流工程や素材加工にまで遡ると，別個に存在していると考えていたGSCの上流部分で同一国の同一会社に依存していたということもしばしば起こります。また，素材にまで遡ると，例えば，アメリカの半導体製造に使用される希ガス類のネオンの9割以上がウクライナからの輸入品で，同様に半導体製造に使用される貴金属類のパラジウムの35％がロシアからの輸入でした。ウクライナ危機が発生した当初，この点がアメリカの半導体GSCの脆弱性として懸念された時期もありました[9]。この事例は素材や原材料にまで遡ってGSCから地政学的なリスクを取り除くことがいかに困難であるかを示しています。複数社購買・調達というリスク・ヘッジもGSCの上流に行けば行くほど難しく，かつボトル・ネックになりやすい箇所でもあるのです。

Ⅲ　対応策・提言

1　再編の方向性

　現在のところ，米中対立による世界市場のデカップリング（分断）が悪化の一途を辿っているといった状況にはありません。アメリカは日用品からハイテク機械に至る幅広い工業製品の供給国として中国への依存を高めており，デカップリングはアメリカにとってむしろ大きな経済損失となる可能性があります[10]。こうしたことから，**デカップリング**はハイテク分野の半導体など，一部の品目に限定されるとの見方が現時点では大勢を占めます。

　執筆現在では，アメリカ陣営がアメリカのみならず日本，オーストラリアなど友好国・地域での生産増強を目指す動きが活発化しています。元来，ハイテ

9　『日本経済新聞』2022年2月15日。

10　井上［2022］が「製造拠点としての中国に大きく依存しているアメリカは経済的な効率性を損なうことなくデカップリングを実現することができるのだろうか」と疑問を呈するように，デカップリングは部分的なものに限定されるとの見方をする研究者が多いようです。

ク製品はどの国においても自国生産を増強し，ハイテク技術の漏洩や流出には神経を尖らせてきました。それでも今後，米中対立によるデカップリングが悪化しない保証はないので，企業はGSCの上流にまで遡って，対立国の製品や技術が使われていないかを注意深く点検しておくことが必要です。

　例えば，日本企業が中国で生産した自動車に中国産半導体を使用した場合，中国で自動車販売している限りにおいて問題はなさそうです。しかし，この自動車をアメリカに輸出してアメリカで販売する場合，中国から待ったがかかるだけでなく，アメリカからも中国製半導体の輸入制限がかけられる可能性があります。今のところこうした事象は起きていませんが，将来のリスクの芽として把握し，できることなら基幹部品の産地や技術由来を米中双方の意向に抵触しないようにGSCを再編することが得策です。

　デカップリングが深刻化すると，アメリカ由来の技術を使用した製品は中国に輸出できず，その逆もしかりとなります。究極的には企業は米中両国から見て中立の技術・立地・国籍であることが求められます。既述の通りChip4に代表される半導体の日米台韓による友好同盟が仮に結成された場合，ここで作られた半導体を中国に輸出・販売することはできなくなります。中国もまた友好同盟を募る可能性があり，少なくとも国家としては米中のどちらかの陣営を選択することになります[11]。しかし，企業としては米国市場と中国市場はどちらも重要であり，どちらか一方を選ぶことはできません。二者択一を迫られるのもまたリスクであり，企業は米中の狭間で難しい判断を迫られることになります。

2 企業の選択肢

　JBICの調査[12]によると，米中デカップリングへの対処について日本の製造業の日本本社に聞いたところ，最も多かったのは「特に議論になっていない（54.3％）」で，半数以上の企業で米中デカップリングは意識されていないようです。一方で「今後切り離す方向で動いている」と「切り離したいが未着手」

---

[11] 「こうした対中規制が中国に半導体の国産化に向けた努力を一層スピードアップさせた（近藤[2022]）」とする見方もあります。

[12] JBIC『わが国製造業企業の海外事業展開に関する調査報告　2021年版』。

の合計は12.4％で，「アメリカと中国の事業は既に切り離している（23.0％）」と合わせると「切り離し派」は35.4％と「アメリカと中国の事業を切り離す必要はない（10.4％）」を大きく上回っています。

　では，米中対立による貿易摩擦と技術覇権争いの状態が続き，世界市場で米中デカップリングが進むとした場合，企業はどのようなGSC再編を目指すべきでしょうか。これまでの議論を整理して**図表5-3**に再編の方向性を示しました。以下，図表を見ながら読み進めてください。

図表5-3　米中対立下のGSC再編の方向性

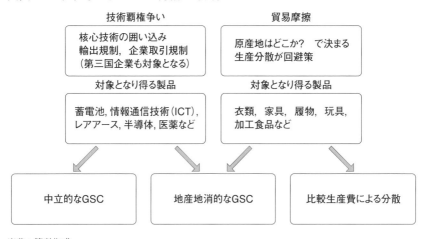

出典：筆者作成。

（1）貿易摩擦の回避

　貿易赤字の指標となる輸入統計は原産地がどこか？　ということが問題となるので，基本的には地産地消的なGSCが解決策となります。中国で売るモノは中国で作り，アメリカで売るモノはアメリカで作るのです。米中貿易戦争においても中国製の家具や樹脂製品などが真っ先にアメリカにおける制裁関税の対象となりました。一方で地産地消化はこれまでも行われてきました。例えば，単位当たりの輸送費が大きい自動車や白物家電などは，経済合理性の観点から販売市場の近くで生産する体制がとられてきました。つまり，リスクの有無にかかわらず，品目によっては有望市場の近くで生産するという立地戦略は今後

もとられていくと考えられます。

　しかしながら，衣類や履物など労働集約的な工程を多く含む製品を地産地消にすると，人件費の高いアメリカなどでは生産価格が上昇し，結果販売価格も引き上げざるを得なくなるでしょう。労働集約的な工業製品は地産地消よりも分散によるリスク・ヘッジが重要になります。中国に依存してきたこうした労働集約的な生産工程を，ベトナムやバングラディシュなどに分散していく戦略があります。比較生産費による生産場所の分散とは，その国が持つ比較優位に合致した産業立地をしていくという意味です。労働集約的な産業であれば賃金の安価な国に立地し，技術者など一定の知識を必要とし，人の手よりも多くの設備に依存する半導体生産などは，高度人材が豊富な先進国に立地するという考え方です。

（2）技術覇権争いへの対処

　選択肢は地産地消化と中立化の2つがあります。中立化とは技術面と生産面の2つです。例えば，台湾の半導体メーカーがアメリカの設計と日本の半導体製造装置を使ってインドで半導体を生産する場合どうなるでしょうか。技術面ではアメリカ系あるいは日本系ということになりますが，生産場所はインドですので米中どちらにも与しない中立的な場所です。しかし，この半導体は生産地ではなく，設計と製造装置の由来から米系の製品となります。このように半導体などハイテク製品の場合は，技術と設計の由来に重きが置かれることになります。

　米中は自国が守りたい技術や希少資源を相手に渡さないための禁輸措置をとり，第三国企業に対してもそれを要求するようになるでしょう。デカップリングのリスクを最小化するのであれば，技術，原料，生産立地，企業の属性について，米中のどちらでもない完全に中立的なGSCを構築することが得策となります[13]。完全に中立なGSCは実現不可能かもしれませんが，それに近づける努力をし，その過程で見つかるGSCの脆弱性をいかに補強できるかがグローバル企業に求められるのです。

---

[13]　池部［2021b］は中立的なGSCについては，中立的かつ国家に属さない委員会のような組織を作り，そこが認定を行う必要があると主張する。ハラル認証のように第三者機関を設立し，米中両陣営の企業であっても申請でき，認められれば中立的なGSCに参加できる仕組みを提唱している。

コラム

GSC が直面した最近のリスク

　2020年春頃からの新型コロナウイルスの流行によって不織布マスクの世界的な需要が拡大し，日本でも中国産マスクの輸入が途絶したことで深刻なマスク不足に陥りました。

　2019年に日本が輸入したマスク類は13.1億ドル（数量ベースで13.2万トン）でした。このうち，中国からの輸入額は77%（数量ベースでは85%）を占めます。日本のマスク市場は以前から中国依存度が高い状態にありました。日本が輸入するマスクの単価は，2019年には1kg当たり10ドルでしたが，2020年には約3倍の29ドルに跳ね上がりました。国別に見ると，中国からの輸入単価は3倍，ベトナムからが2倍，韓国からが1.5倍となりました。単価の上昇率の差異は，マスクの種類（不織布製・布製・ナイロン製など）によっても異なります。輸出者の多くは日本企業からの受託生産形態でしたので，圧倒的な品不足下では輸入者側による価格コントロールは難しく，委託先の工場は売手市場となったマスクの価格をどんどん引き上げていきました。

　マスクの欠品やその後の高値販売などもGSCの途絶や目詰まりが原因で引き起こされました。これを回避するためには，日本企業が自ら日本市場向けに海外でマスクを生産する自社工場を設けるか，日本で生産する体制を整えるなど，自社である程度，価格，納期，在庫をコントロールできる体制を整える必要があります。

　新型コロナウイルスの流行によるGSCの途絶はマスク以外にも起こりました。物流の遅延やコンテナの不足，そして都市封鎖による中国や東南アジアの工場停止などです。また，コロナ禍では世界中で在宅ワークの慣習が広がったことでパソコンなどデジタル機器の需要が急増し，納期遅れを引き起こしました。半導体を組み込んだ電装品だけでなく，塗料，金属部品の納期遅れから自動車やトイレ・ガス給湯器などの住宅設備，一部の家電製品で欠品と納期遅れが引き起こされました。また，北米の港湾が封鎖されたことなどによってマクドナルドのフライドポテトが一時期Sサイズのみの販売に制限されるといったことも日本では起こりました。

　GSCは人間の体に例えると血管です。血管が目詰まりを起こすと体が機能不全を起こすのと同様に，GSCも一部が寸断されると機能全体が停止し，たちまち私たちの生活にも影響を与えるのです。GSCは重層的な相互依存関係を国際間で緊密化させてきたことによって構築されました。このため平時で自由貿易が保証される世界であればリスクに気づかないのですが，実は様々な途絶リスクと私たちは向き合っているのです。

おわりに

　米中対立によるGSCへの影響について考察しました。GSCを100％安全で安心なものに再編することは不可能です。

　大国間の対立は将来，和解する可能性があります。東西冷戦下の米ソ対立の終結や，アメリカが中国と国交樹立をする外交方針の転換を発表したいわゆるニクソン・ショックの時もそうでした。周辺国は大国間の対立と和解に翻弄されてきたのです。つまり，今回の米中対立リスクに備えた体制を構築しても，ある日突然，米中が和解することも起こり得るのです。対立もリスクなら和解もまたリスクとなるのです。アメリカ陣営のGSCに加わっていた日本企業を，中国が何もなかったように許すでしょうか。GSCを形成するグローバル企業は，アメリカか中国かの二者択一をするべきではなく，できるだけ中立であることを貫くべきです。

　米中対立がいつまで続くのかわかりません。技術覇権の争いとなれば短期間で決着するとは考え難く，10年の単位で対立構造が続くと予想されます。日本企業は中国向けのGSCはなるべく中国内に構築することになりそうです。一方，半導体，高性能蓄電池，情報通信技術，レア・アース，製薬などの分野では，アメリカとの結びつきを強化する方向でGSC再編が進むでしょう。これは日本企業が好む好まざるに関係なく，アメリカ主導で囲い込みがされる際に日本企業が離反できない事情があるからです。

　米中両国に販売できる製品は中立的な製品です。当然のことながら**中立的なGSC**が求められるので，東南アジア諸国やインドと連携して確立していくのが得策です。これら地域もアメリカか中国かの二者択一を避け，中立を目指す外交に腐心しています。

　いずれにせよ，GSCの再編は未完であり続けるかもしれませんが，自社が参加するGSCのリスクの芽を見つける作業は絶えず続けていく必要があるでしょう。

参考文献

池部亮［2021a］「ベトナムにとっての米中貿易戦争」朽木昭文・富澤拓志・福井清一編著『米中経済戦争と東アジア経済』農林統計協会。

池部亮［2021b］「ベトナムの「非対称性の管理」と対外関係」北岡伸一編著『西太平洋連合のすすめ―日本の「新しい地政学」』東洋経済新報社。

井上博［2022］「米中経済のデカップリングとアメリカ製造業の「復活」―サプライチェーンの再構築と国内回帰」中本悟・松村博行編著『米中経済摩擦の政治経済学』晃洋書房。

近藤信一［2022］「中国のハイテク産業と技術の現状―米中ハイテク摩擦と半導体産業の技術デカップリング」中本悟・松村博行編著『米中経済摩擦の政治経済学』晃洋書房。

国際協力銀行（JBIC）『わが国製造業企業の海外事業展開に関する調査報告』各年版。（https://www.jbic.go.jp/ja/information/research.html）

日本貿易振興機構（JETRO）「直接投資統計」https://www.jetro.go.jp/world/japan/stats/fdi.html〔2022年8月25日閲覧〕

UN Comtrade　https://comtrade.un.org/data/

第 6 章

グローバルアライアンスと
リスクマネジメント

■本章で学ぶこと■

　企業同士のアライアンスには業務提携，資本提携，戦略提携があります。業務提携は共同研究開発，部品共通化，生産・販売の連携，新市場開拓の連携等における相乗効果や効率化を目指すために形成されます。特に国境を越えて形成されるアライアンスも近年ますます増えていますが，一方で，アライアンスの形成後の思惑や利害関係の対立，あるいは企業文化の違いから解消される例も少なくありません。また，国を代表する企業同士のグローバルアライアンスの場合は政府の方針や政治的変動の影響を受けやすいため，注意が必要です。アライアンスを組むにあたってはパートナーの社内事情や企業文化，政府との関係等を十分に精査してから実施するべきでしょう。本章ではこのような点を考えていきたいと思います。

■キーワード■

　業務提携，資本提携，戦略提携，オフショアリング，EMS，SPA，アライアンス相手の社内事情や企業文化，政府との関係

はじめに

　企業同士のアライアンスには一般に**業務提携**，**資本提携**，**戦略提携**があります。業務提携は共同研究開発，部品共通化，生産・販売の連携，新市場開拓の連携等を目的とします。この場合，提携業務を協業する**合弁子会社**を設立するケースが多いです。資本提携は業務提携のさらなる強化を狙って，本社同士が相互に出資し合うことをいいます。いわゆる株の持ち合いです。さらに両者間の協業を全体的な事業に展開しようと意図する場合，戦略提携という深化した提携になります。これは将来の両者の経営統合（持株会社制，合併，片方による他方の買収）等の可能性につながることもあります。この他に資本関係を伴わないアライアンスもあります。資本関係ではなく，長期的な契約関係に基づくものともいえます。こうした関係を海外企業と構築するのがグローバルアライアンスです。グローバル化によってこのような大規模なアライアンスが展開されつつあります。それはそれとして机上のロジックとしては合理的なのですが，現場でアライアンスを実効ならしめるのは容易ではありません。そこにはやはりリスクがあり，それを管理（マネジメント）していくことが必要になるのです。

Ⅰ　現状・実態

1　自動車業界にみるグローバルアライアンスの形成

　自動車業界では，国際的な産業再編に伴う資本関係を通じたアライアンスが繰り返されていました。特に顕著に表れたのが，2000年代です。このアライアンスは合弁子会社の設立ではなく，本体同士の全面的な資本関係を通じた提携でグローバルアライアンスと呼ばれました。例えばアメリカのフォードは日本のマツダ，スウェーデンのボルボ，イギリスのアストンマーチンとジャガーと資本関係の強化を通じて，経営陣を送り込みグローバルアライアンスを形成しました。これは自動車業界の構造的な不況が背景にあります。研究開発の協業や部品の共通化を通じて，コスト削減をするとともに各社が得意とする地域の

販売網を活用して販売の効率化を図ったのです[1]。すなわち，フォードは北米と中南米市場，マツダは東アジアと東南アジア，ボルボやアストンマーチン，ジャガーは欧州市場を担当することでグループ全体として世界市場を効率的にカバーしようとしたのです。共通部品生産のスケールメリットや研究開発投資の節約のメリットを生かしながら，少量多品種生産と変動費管理を効率化できるともくろんだのです。

　しかし，その後，デメリットも顕在化しました。グローバルな地域に点在する提携各社を統合的にコントロールすることは至難の業でしたし，部品の共通化はまだよかったとしても新車の骨組みであるプラットフォームまで共通化したため，各社が持っている車の個性が失われ，顧客が離れていくという事態も起きました。自動車業界のグローバルアライアンスは他にも多く形成されましたが，その多くはやがて解消され，別の相手との提携に移ったりしていきます。例えば，アメリカ・GMとスズキ，いすゞ，富士重工（現スバル），イタリア・フィアットのグループ，クライスラーと三菱自動車，ドイツ・ポルシェとフォルクスワーゲン，フランス・ルノーと日産自動車などです。

2 IT業界を中心に進むオフショアリング

　パートナーと現地子会社を設立して生産，販売，研究開発の協業を行う業務提携はよく見られますが，近年，資本関係を持たないアライアンスも多くなっています。生産委託というアウトソーシングを行う，「**オフショアリング**」という関係構築のアプローチも増えています（**図表6-1**）。

　オフショアリングには開発プロセスの一部を海外企業に委託するオフショア

図表6-1　オフショアリング

| ① オフショア開発（IT/ソフトウエア業界） |
| ② EMS（家電業界，電機業界） |
| ③ SPA（アパレル業界） |

出典：筆者作成。

---

[1] フォード経営陣は400万台以上の生産・販売ができる自動車メーカーだけが生き残ると考えていた。

開発があります。これはIT／ソフトウエア業界で用いられるオフショアリング
です。家電業界・電機業界ではすっかり定着してしまった一部の製品をまるご
と生産委託するEMSが行われています。一部の自動車会社も採用するように
なりましたが，自動車業界ではOEMと呼んでいます。アパレル業界ではユニ
クロやGAP，H&Mが採用して有名になったSPAという形態があり，これも
一種のオフショアリングです。これについては後で説明します。

　これもグローバル化によって物流が円滑になったことによって，実現してき
た海外展開の仕方です。そもそも，アウトソーシングとは外注（委託，請負，
いわゆる「下請け」）であり，アウトソーシングの目的は親会社におけるマン
パワーの不足の補填，コスト削減・効率化，専門性の向上を求めることです。
特にソフトウエア開発を海外に所在する会社に委託することをオフショア開発
といいます。

　日本企業によるITのソフトウエアやシステムのオフショア開発の歴史は
1980年代末から始まりました。これは証券，銀行業界の大規模システム開発か
ら始まったものの，国内技術者の不足のため，優秀な技術者を韓国，中国，イ
ンドに求めたのです。1990年代に入るとこの動きは一層顕在化しました。さら
に2000年代初頭のIT不況（2001年）が価格競争を生み，発注先が中国企業へ
直接発注する動きも始まりました。中国，インドにその拠点を求める動きは
1990年代から始まっていましたが，さらにベトナムへも拠点を求めるようにな
ったのです。こうした日本の顧客との関係緊密化のために中国，インド，ベト
ナム企業が日本進出を始めるようになって久しくなります。現在，日本企業が
オフショア開発の拠点として委託を行っているのはインド，中国，ブラジル，
フィリピン，ベトナム，ロシア，アイルランド，イスラエル，東欧，中米等に
及んでいます。

　IT業界以外のオフショアリングの事例としては，2010年前後に台湾企業を
委託先とした先進国のメーカーの様々なオフショアリングが行われました。例
えば，図表6-2に示すような電機・電子業界の例です。

図表6-2　2000年代の電子製品の台湾企業への生産委託によるオフショアリング

（発注企業→受注企業）
① ゲーム機
　a. プレイステーション：ソニー→フォックスコン（台湾）
　b. Wii/DS：任天堂→フォックスコン（台湾）
② ノートパソコン
　a. 東芝→仁宝電脳（台湾）
　b. NEC・東芝→廣達電脳（台湾）
　c. ソニー→フォックスコン（台湾）
③ 液晶テレビ
　ソニー→フォックスコン（台湾）
④ 携帯電話
　ソニー・エリクソン[※1]（当時）→フォックスコン（台湾）
⑤ 半導体（DRAM）
　エルピーダメモリー[※2]（当時）→力晶，瑞晶，茂徳科技，華邦（台湾）

注：2009年の状況。
※1：後に提携を解消。
※2：後にアメリカのマイクロン社に買収された。
出典：各種報道より筆者作成。

Ⅱ 分析・評価

　自動車業界のような国を越えての同業他社とのグローバルアライアンスは，コントロールの難しさの問題，各社のメリットに関わる利害関係の対立等を調整することが難しく，あまり大きな成功を収めていないようです。これに対して，電気電子分野等では必ずしも資本関係を持たないアウトソーシングアライアンスが今でも多く行われていますし，様々なバリエーション（多様化）が進んでいます。

　電機・電子業界では現地企業に組み立てを委託して，完成品を発注企業が全量引き取り，自らのブランドで販売するというEMS（電子製造サービス）が著名です。やや詳細にいうと発注先が設計・デザインを決め，素材・部品を指定して組み立て作業などを受注先に求めるOEM（相手先ブランドによる生産）や，さらに一歩進んで，受注先にデザイン等も任せてしまうODM（相手先ブ

ランドによる設計・デザイン含む生産）です（**図表6-3**）。より多くの工程を受注先に委託する場合もあります[2]。

図表6-3　電機業界のEMS利用関係の例

機能／事例		アップル（OEM）	ソニー富士通	パイオニア（テレビ）ポラロイド（カメラ）
川上	ブランド（コンセプト）	自社	自社	自社
	開発	自社	自社	○
	設計	自社	○／自社	○
	生産	○	○／自社	○
川下	販売	△多岐にわたる	△多岐にわたる	○量販店

注：○…受注先に全面的に依存，△…部分的に依存
出典：日本経済新聞2014年12月1日

　電子部品分野の半導体業界では，最終製品の発注者が設計を受注者に任せることやその上で組み立てを別の受注者に任せる重層的な**アウトソーシング**も行われています。前者を**ファブレス企業**[3]，後者を**ファウンドリー企業**[4]といいます。後者には有名な台湾のTSMC社があり，世界最大の市場シェアを誇っています[5]。自動車業界でも大手メーカーがお互いに一定の車種を供給し合うOEM供給が行われています。自社ブランドの製品を自社で生産するか，自社ブランドでも他社に生産委託するかを決めることは企業にとって極めて重要な意思決定となっています。

　アパレル分野でも同じようなアウトソーシングはユニクロに代表されるSPA（Store retailer of Private label Apparel，製造小売業）があります。製品のコンセプトやデザインを販売者が作成し，素材メーカーから繊維を調達し，縫製メーカーに委託して完成品を引き取り，店舗で販売するものです。縫製が

---

2 OEM：Original Equipment Manufacturing 相手先ブランドによる生産。
　ODM：Original Design Manufacturing 設計も含めた相手先ブランドによる生産。
　EMS：Electronics Manufacturing Services 電子製造サービス。

3 工場を持たず開発，設計に特化する半導体企業。

4 設計図に基づき，半導体の量産に特化する半導体企業。

5 世界シェアではここ10年の間，台湾積体電路製造（TSMC）約50％，台湾・聯華電子（UMC）世界シェア10％前後，アメリカ・グローバルファウンドリーズ10％弱となっている。

労働集約的な工程であるため，海外の企業工場に技術指導しながら委託することになります。ユニクロはバングラディシュ等，アジアの工場に委託しています。SPAを採用しているアパレル企業の中でも委託する工程に濃淡があり，H&M（スウェーデン）は委託する工程が比較的多いといわれますし，ZARA（スペイン）は委託する工程が少なく，「自前率」が高いといわれます。ユニクロはその中間だといわれています。

　ソフトウエアやシステム構築の一部工程を海外企業に委託するIT企業のオフショア開発も，同じアウトソーシングのビジネスモデルです。通常は上流の企画・設計は発注企業が行い，製造・組み立てを受注企業が行います。そして完成品を発注者が全量引き取り，市場に販売する，というプロセスです。

　例えば，IT業界ではシステムを構築するプロジェクトの一連の工程（調査・コンサルティング→設計→開発→試運転→運用・保守）のうち，「開発」工程を実績豊かな中国，ベトナム，インド等のIT企業に外注することが有名です（**図表6-4**）。これはエンジニアの人件費を節約するという意味合いだけではなく，プロジェクト全体の工程を元請けとして管理しながら，下請けの作業を限定し，管理しやすくするというリスクマネジメントの発想が背景にあります。ただ，ITの場合，納品する成果物は目に見えるものではないため，意思の離齬に起因する品質の劣化等のリスクに備える必要が出てきます。コミュニケーションがこの場合大きなファクターになります。コミュニケーションマネジメントには文化を背景とした行動特性，言語，時差等に起因するリスクがあります。このリスクを最小限にするのは発注企業と委託を受けた受注企業の間のコミュニケーションをつなぐ人材です。IT企業の場合は「**ブリッジSE**」といいますが，建設業などの場合は「**ブリッジプロジェクトマネジャー**」（ブリッジPM）といいます。これらのブリッジ要員はITや建設といった専門分野の知識とともに異文化状況下での業務の経験が求められます。この時，言語能力というよりもむしろ異文化対応能力や人間的な幅の広さ（柔軟さ）といった経験値がものをいいますので，各企業は時間をかけて計画的にそうした人材を育てておくことが必要です。

　このアウトソーシングというアライアンスは信頼できる受注企業を見つけ，長期的な関係を構築し，育成していくことが成功するための重要なカギとなります。

図表6-4　IT／ソフトウエア＝オフショア開発の例

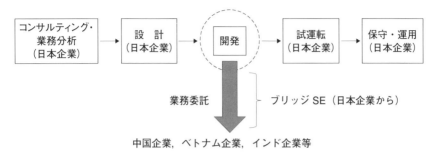

出典：筆者作成。

直接投資による関係でつながっているわけではないため，製品の品質，納期が
しっかり守られている限り，関係は継続されます。ただし，受注企業が競合他
社の生産委託を請け負うことを止められない場合もあるため，製品情報が他社
に漏れるリスクがあります。この場合は生産ラインを他社製品のラインと完全
に分離するほか，秘密保持条項を委託契約に含めるというリスクヘッジ策が必
要になります。

Ⅲ　対応策・提言

　グローバル化に伴う経営問題は近年，その範囲をますます拡大し，複雑さを
増しています。アライアンスを組んだ後，それぞれの企業が自己のメリットだ
けを最大化することはなかなか難しいです。そのため一定の妥協をしながら，
そのメリットを追求することになりますが，いったんアライアンスを組んだ後，
パートナー間の意見の対立化から解消しようとする動きもしばしば見られます。
いくつか事例を挙げたいと思います。

　ドイツのフォルクスワーゲンは日本のスズキと一時提携し，それぞれが強い
中国市場とインド市場の競争力を強化しようとしましたが，その後，解消しま
した。スズキの19.9％の株式を持つフォルクスワーゲンに対し，スズキはフォ
ルクスワーゲンの2.5％の株式しか持たない戦略提携関係だったため，フォル

クスワーゲンはスズキをあたかも子会社のように扱おうとしたことから，対等の関係を求めるスズキの怒りを買ったとも報道されました。

　日産とルノーの戦略提携においても，日産株式の約44％を持つルノーがルノー株式の約15％しか持たない日産を経営統合しようとして日産側の反発を招き，経営陣の交代等の混乱が起きています。さらに日産は三菱自動車工業の株式の約30％を保有しており，パートナー間の調整はなかなか効率的には進んでいないようです[6]。フランス政府はルノー株の15％を保有している大株主です。一時期は，アライアンスの中で日産自動車の発言力が強まることを警戒して20％近くまでルノー株を保有していたこともありました。

　総合商社の伊藤忠商事，タイ最大の華人財閥CP（チャロンポカパン），政府系コングロマリットである中国CITICとの間でのグローバルな戦略提携は有名です。CITICは，中国政府が実質的に50％以上を保有する政府系企業です。世界的な大企業には政府の持株比率が高い「国有」色の強い企業も多いため，政治的リーダーの変更など政治的な状況には極めて注意深く対応することが必要となっています[7]。近年，中国政府が国有企業の統合を進めていますが，これに伴って，日本企業などのそれら国有企業への出資比率が相対的に低下し，十分に意見が反映されなくなるというリスクが指摘されています。

　リスクマネジメントの観点からいうとグローバルアライアンスを組むにあたっては**アライアンス相手の社内事情や企業文化，政府との関係**等を十分に精査してから実施するべきでしょう。

おわりに

　戦略的に影響力のある国際的なグローバルアライアンスは提携を机上の上でのメリットに基づいて発案されるため，論理的な整合性はあることはあるのですが，アライアンスが成立した後の運用が難しいという問題があります。実際

---

6 2023年1月にルノーは日産の持株比率を15％に引き下げることを決めた。フランス政府も了承しているとの報道がある。

7 CPは種苗業からスタートし，食品，小売り，輸送機械，通信等を得意とする総合企業。CITICは金融事業，資源・エネルギー関連事業，製造業，エンジニアリング，不動産事業など多岐にわたる事業を中国および海外で展開。

の日々のオペレーションを実施していくのは経営者だけでなく現場の人間であり，人間の行動を規定する感情や文化の問題が関連してくるからです。

　また，それぞれの国を代表するような大企業同士のアライアンスの場合にはそれぞれの政府による政策に影響を受けやすいため，国家間の関係によりアライアンスがうまくいく場合とうまくいかない場合も出てきます。特にアライアンスの外国パートナーの中には政府がかなりの株式持ち分を持っている企業もあります。政府が大株主として強い影響力を持っている場合は政治的な変動もアライアンスに影響しますから注意が必要です。

参考文献

上田和勇，小林守，田畠真弓，池部亮編著［2022］『わかりあえる経営力＝異文化マネジメントを学ぶ』同文舘出版。

大西勝明編著［2014］『日本産業のグローバル化とアジア』文理閣。

小林守［1999］「海外事業における利益回収問題」『アジア経営学会報』第5号。

小林守［2013］「ベトナムの投資環境と日系企業の操業動向」『専修ビジネスレビュー』第8巻第1号，専修大学商学研究所。

小林守［2021］『なんとかする力＝プロジェクトマネジメントを学ぶ』同文舘出版。

第 7 章

アジアの地政学
リスクマネジメント
―台湾の市民参画型産業発展モデル―

■本章で学ぶこと■

　世界を見渡すと，日本のように自由主義を提唱している国は全体の半数程度にとどまります。残り半数の国々は，政治体制や文化，伝統，宗教的な戒律から国民の発言や行動に様々な形で規制をかけています。地理的に隣接した地域においてイデオロギーや宗教，ナショナリズム等の理由で激しい政治的な衝突が発生すると，紛争当事国や周辺地域，ひいては世界の産業や社会の発展に長期的にマイナスのインパクトを与えます。地政学リスクに直面した際に，私たちの社会はどのように対処すべきでしょうか？　他国からの軍事的あるいは経済的な脅威に対処できるような経済，社会，産業のレジリエンスを高めるためには，どのような社会システムを構築する必要があるのでしょうか？　本章では台湾の社会改革を例に考えます。

■キーワード■

　地政学リスク，レジリエンス，市民参加型社会，ソーシャルビジネス，クラウドファンディング，ひまわり学生運動，中台関係

はじめに

　近年，ロシアのウクライナ侵攻など，地政学リスクが世界経済および社会に与える影響が大きな問題となっています。**地政学リスク**とは，主に地理的に隣接した地域において発生するイデオロギーや宗教の対立，ナショナリズム，経済格差などに起因するリスクで，グローバル経済のサプライチェーンに深刻なマイナスの影響を与えています。戦争，内乱，暴動，経済制裁，商品の不買運動等に代表される地政学リスクは，多国籍企業の活動に大きな影響を与えるだけなく，紛争当事国や周辺地域の産業や社会の発展にも長期的にマイナスのインパクトを与える可能性が高いのです。

　経営史やグローバル・ビジネスの先行研究によれば，地政学リスクは市場メカニズムを介した経済合理性の原則を崩壊させ，企業経営や産業の育成に大きな影響を及ぼすとされています。このような市場メカニズムのロジックから外れた要因から生じる「**非市場リスク**（non-market risk）」には，地政学リスクの他，自然災害，社会的紛争，コロナウイルスの流行等のパンデミックも含まれており，企業や産業界による抑止力が及ばないばかりか，国家ですらコントロールすることが極めて難しいのです[1]。

　本章では，こうした非市場リスクの1つである地政学リスクに着目し，台湾の人々が中国の軍事的脅威や安全性に問題のある食品の中国からの流入といったリスクを回避し，市民参加型の産業発展モデルを構築しつつある状況について詳述します。

Ⅰ　現状・実態

1　台湾で学生運動が起こった背景

　台湾では，2014年に発生した大規模な学生運動（**ひまわり学生運動**）をきっかけに，軍事力に加えて経済的な圧力を強める中国に対する危機感が一気に高

1　Oh and Oetzel［2021］；Lawton and Rajwani［2015］。

まりました。ちょうど世界各地でも深刻な格差社会に不満を訴える人々が集結して，大規模な社会運動を次々と展開していった時期です。2010年末に中東各国で活発化した「アラブの春」，さらに2011年のウォール街デモ等がその代表的な例です。中国政府のグローバル経済への影響力が拡大し，台湾では親中派の国民党政府や大企業が中国政府に急接近する中で，中国の強大な経済力に脅威を感じた学生や一般市民らが反政府デモを展開，ひまわり学生運動は学生だけでなく，台湾の国民全体の支持を集めました。

　台湾の学生や市民らは中国経済の勢いと影響力を回避し，政治的にも中国から距離を置くために，台湾社会全体のレジリエンスを強める必要性を強く感じるようになりました。人口約2,300万人，九州ほどの大きさしかない小国である台湾が，対岸に位置する14億の人口を誇る超大国，中国から受ける影響は計り知れません。このような強大な中国の及ぼす外的圧力に力強く対抗できる柔軟性，すなわちレジリエンスを増強し，地政学リスクを回避する戦略を構築することが台湾の市民の共通の目標となったのです。

　台湾の若者や市民は政府の政策決定について関心を持ち，台湾社会全体の変革と発展に積極的に関わるようになりました。例えば，仕事や学業の余暇時間を利用してNGO（非政府組織）やNPO（非営利組織）でボランティア活動に参加し，地域社会の発展に貢献したり，社会問題を営利事業で解決するソーシャルビジネスのクラウドファンディングに資金を提供したりして，台湾社会のレジリエンスの強化に乗り出したのです。

　日本や台湾，韓国等東アジア諸国では，経済の高度成長期に政府や民間企業主導による経済や産業の発展が推進されました。中国の軍事的，経済的脅威に直面している台湾では，政府や民間企業主導による経済発展モデルからさらに進化を遂げ，大学生等の若者たちや一般市民の主導による「**市民参画型産業発展モデル**」が模索されるようになったのです。

　経済や産業発展を推進する**ステークホルダーのネットワーク**に，政府，民間企業のほか，NGOやNPO組織，大学，市民が加わり，環境保護やQOL（クオリティ・オブ・ライフ）に重きを置く新しい産業発展が目指されています。台湾では政界のみならず財界にも親中派と反中派が存在し激しく対立しているため，政府や企業だけでなく，若者たちをはじめ市民も経済や産業発展に参加す

ることで，地政学リスクを最小限に抑え，政治的な対立に強いバランスのとれたレジリエンスを構築することが期待されているのです。

2 ひまわり学生運動の果たした役割

　前述のように，台湾社会全体の中国に対する**レジリエンス**（中国からの軍事的，経済的脅威に対抗できるような社会全体の柔軟性）が大きく高まった背景

2014年3月，ひまわり学生運動に参加する台湾の学生たち
出所：筆者が台北市内で撮影

には，2014年のひまわり学生運動が決定的な役割を果たしました。学生運動の勢いを受けて台湾の民主主義制度が大きく変革を遂げたことで，民主主義という社会全体を包括するプラットフォームに支えられている台湾の経済システムや産業発展の方向性もドラスティックな変化を迎えたのです[2]。

　ひまわり学生運動が発生するまでの台湾の民主主義は，日本と同様に有権者が投票所に出かけていき，投票するという行動を通じて民意を政府に訴えるシステムでした。しかし，投票するだけでは，どうしても多数決の原理にとどまり，少数の人々の声は政府に届かなくなります。ひまわり学生運動以降，台湾の人々は**エンパワーメント**，すなわち自ら主体的に行動して政府の政策決定に働きかけるようになりました。当時台湾の与党であった国民党政権が中国政府や中国系企業と政治や経済的な結びつきを強めたことに危機感を覚えた台湾の若者たちが立ち上がり，NGOやNPO組織，市民らも政府の政策決定に強く関心を持つようになったためです。

　このように，台湾全国に広がった学生運動をきっかけに覚醒した若者たちや市民が政治に積極的に関わることで，台湾の民主主義は「多数決民主主義」から，学生や一般市民が政府の政策決定に主体的に参加する「**参加型民主主義**」へと移行しました。欧米等の民主主義社会では，成熟した市民社会ほど非政府

---

2 田畑［2021］。

や非営利団体等各種のボランティア組織への参加が活発化するという傾向を示しています。しかし，台湾の社会学者による研究結果によれば，台湾は地域に根差した土着の宗教団体への参加は活発に行われていましたが，ボランティア組織への参加率は日本，韓国および中国等の東アジア諸国で最下位という状態でした。

　中国の軍事的脅威が高まる中で，中国資本も台湾国内に着々と根を張り始めていることに気づいた台湾の学生や市民ら[3]は，民衆の視点から政府の政策や企業の経営戦略に対して働きかけようと，ボランティア団体への参加やソーシャルビジネスへの支援に意欲的に取り組みました。民衆が主体的に政治に関わっていくことで，政府の政策の欠陥があぶりだされ，それを政府側が修正するという民衆と政府の相互扶助の関係が模索されています。このような国民の行動を受けて，台湾政府も国民の意思を尊重し，国民の声をダイレクトに政策に反映させるような歩み寄りを行っています。例えば，台北市政府等地方政府の予算編成や審議に国民が参加し，地域の予算配分に提言できるようなプラットフォームが続々と立ち上がっています。

　SNS（ソーシャルネットワーキングサービス）等のインターネット技術の積極的な運用も台湾の国民が政府の政策にダイレクトに意見を反映させるために重要な役割を果たしました。その代表的な例がシビックテック・コミュニティ「g0v.tw台湾零時政府」です。シビックテックはアプリやSNS等のテクノロジーを運用して国民が国家の政策の足りない部分を補い，政策提案を行うことができるプラットフォームです。シビックテックには，グラフィックデザイナー，プログラマー，教員，作家等様々な職種や専門技能を持った人材が集まり，政府の政策の立案過程をモニターし，新しい政策提言等を行っています。多民族国家である台湾には台湾華語，台湾語，客家語等様々な言語が使われていますが，これらの言語の使い方をまとめたオンライン辞典や選挙の不正を防止するために政治献金の詳細が検索できるウェブサイトを構築するなど意欲的な試みが実行されてきました。

---

3 台湾に浸透しつつある中国の影響力については，川上編・監訳［2021］が参考になります。

③ 学生運動を契機とする台湾社会のレジリエンス

　前述のように，2014年3月，拡大する中国の影響力や台湾政府の政策が国民の意思とは関係なくトップダウンで決定されることに危機感を覚えた大学生たちはひまわり学生運動を展開しました。国民党政府は当時与党として台湾の政権を握っていましたが，中国との経済交流に特に力を入れていたのです。そこで，中国と台湾相互の市場開放を目的とする「**中台サービス貿易協定**」の審議を一方的に打ち切り，異例のスピードで中国と台湾の経済交流を進めるという

2014年3月，ひまわり学生運動に参加する台湾の市民
出所：筆者が台北市内で撮影

政策を打ち出しました。台湾政府と国民との間で十分な意見交換が行われることなく中台間の貿易協定が推進されることに不信感を覚えた学生たちは，NGOや市民らの支援を受けて運動を進めました。

　学生運動や社会運動は運動を継続するために多額の資金を必要とします。ひまわり学生運動では，学生たちが立法院（台湾政府の最高立法機関）を包囲しましたが，ここに募金箱が置かれて市民らが幾ばくかのお金を入れていきました。また，台湾の学生たちはフェイスブック等SNSを利用して学生運動の支援者を集めたほか，莫大な額の募金を集めることにも成功しました[4]。

　ロシアとウクライナ，中国と台湾の関係のような地政学リスクは，国家間の衝突リスクの可能性を世界に知らしめ，情報を伝達することでリスクを軽減することができます。ロシアがウクライナに侵攻した際も，ロシアの軍事攻撃の様子は全世界にメディアやSNSを通じて報じられました。国家間の衝突の状況やそれに関する情報が世界に伝達されることによって，衝突を仲裁したり一方的な軍事侵攻に対して制裁を加える等他国が介入したり，人権団体が国境を越えて動くことでリスクをある程度抑えることができるのです。

4　田畠［2018］。

台湾を代表するクラウドファンディング「Flying V」のオフィシャルウェブサイト。中国語，
英語のほか，日本語でもコンテンツが表示されている。
出所：「Flying V」オフィシャルサイト

　ひまわり学生運動においても，メディアを利用して台湾の危機的状況を世界
に伝達する動きが活発化しました。特に台湾のソーシャルビジネス，「Flying V」
が果たした役割は重要です。Flying Vは不特定多数の人々が個人やグループ，
組織から提案された各種の独創的なプロジェクトやビジネスモデルにインター
ネット経由で資金を提供するクラウドファンディングを運営しています。

　ひまわり学生運動では，台湾が直面している危機的状況や学生運動が起こっ
た経緯，学生運動の果たす役割について台湾全国さらに世界に発信する必要が
ありました。そこで，学生運動団体はアメリカのニューヨークタイムズ国際版
や台湾で発行されている香港系日刊紙「アップルデイリー（蘋果日報）」に情
報を掲載するための募金活動をFlying Vを通じて行ったのです。Flying Vの
ウェブサイトにクラウドファンディングの募集をかけるとわずか35分後には日
本円で約670万円相当の資金が集まり，3時間後には約2,847万円相当の募金が
集まりました。この資金を利用して，学生運動団体はひまわり学生運動に関す
る情報を海外メディアに掲載し，台湾が直面している危機的状況について詳細
が世界へと伝えられたのです。

　台湾社会はこのように，クラウドファンディングやSNSを活用して国内の
危機的状況を海外に発信し，地政学リスクに対してレジリエンスを高めること
に成功しました。さらに，ひまわり学生運動以降，クラウドファンディング等
を利用して少額の寄付をソーシャルビジネスに提供して社会改革に貢献したい

という若者が増えています。

　2014年秋には，大手食品会社が安全性に問題のある商品を販売していたことが発覚し，台湾の人々は大企業による消費者の食の安全を軽視した利益中心主義に失望しました。また，中国から輸入される食品の安全性も以前から懸念されていました。そこで，若者や市民らが立ち上がり，安全性の高い有機食品や乳製品を提供するソーシャルビジネスを数多く誕生させたのです。これらのソーシャルビジネスもクラウドファンディングを通じて募金活動を行って運営資金を集めています。

　クラウドファンディングによる資金調達は，事業やプロジェクトの理念や方向性に賛同するサポーターが少額の資金をインターネットのプラットフォームを通じて提供するもので，まとまった資金がなくても支援できます。若者や日々の生活に追われている社会人は金銭的余裕がありません。しかし，クラウドファンディングを利用すれば，少額の寄付で台湾の社会改革に貢献できるのです。株式市場やベンチャーキャピタルで資金調達を行う場合のように株主や投資家の利益を優先する必要がなく，ビジネスの理念やプロジェクトのビジョンに賛同し支援してくれるサポーターに貢献すればよいため，ビジネスやプロジェクトの立ち上げで経験が乏しい若い世代が挑戦しやすい点も魅力です。

Ⅱ 分析・評価

1 ひまわり学生運動以前の台湾の歴史的背景

　ここで，ひまわり運動前の台湾の歴史について振り返りましょう。

　台湾は1945年の終戦と同時に日本の植民地統治から離脱しました。しかし，毛沢東率いる中国共産党から中国を追われた国民党政府の指導者，蒋介石は自らが理想とする中国の政権を台湾に持ち込み，台湾に暫定的な「中華民国政府」を樹立しました。そして，1987年に戒厳令が解除されるまで，国民党政府は一党独裁を軸とした**権威主義体制**（authoritarian regime）[5]を展開したのです。

　民主主義体制に移行する前の韓国政府が北朝鮮との政治的な対立から軍事支配と国家主導型の経済政策を行ったように，台湾でも中国共産党への対抗上，

---

5 Linz［2000］。

政府主導による強権的な経済発展政策が進められていました。この時代には，国民が政府の政策に意見を述べたり，政治に関心を持ったりすることは許されませんでした。国民党政府は政治的安定を保ちつつ，労働力と資源を動員し，急速な経済成長を実現させました。台湾も韓国もこの**開発独裁**という権威主義体制下で戦後の経済発展をスムーズに進めることができたのです。

　国民党政府は1980年代以降，アメリカに留学後現地でエンジニアとして活躍したり，起業したりして成功した台湾人に帰国を要請し，新竹にハイテク産業の拠点，サイエンスパークを建設しました。現在iPhoneや世界のIT関連製品に半導体部品を供給しているTSMCは，サイエンスパークの政府系研究機関，工業技術研究院から分離独立した企業です。

　一方，アメリカで民主主義社会の自由な空気に触れた留学生たちは帰国すると台湾の独裁政治に疑問を抱くようになります。国民党政権に対する激しい抗議活動が続く中，1986年には初の野党，民進党も結成されました。翌年に戒厳令も解除されたため，台湾は**国家主導型の開発独裁**から脱却し，国民が主体的に発展の方向性を検討し，新しい経済発展のモデルを模索する民主主義社会へと大きく変化していきました[6]。

　中国は中国共産党一党独裁かつ近年は習近平国家主席に全ての権力と権限が集中する全体主義体制を推進しています。民主主義国家として独自の歩みを進める台湾に対して台湾を中国の一部とする政策を打ち出しており，度重なる軍事演習による威嚇，いつ中国との戦争が勃発するかわからないという不確定要素が台湾の人々の生活に暗い影を落としています。さらに，地政学リスクに加えて，経済格差リスクも人々の生活を脅かしています。

　筆者は2017年から2018年にかけて台湾で20代の若者世代にインタビューを行いました。20代半ばの男性によれば，2008年の金融危機以降の深刻な景気後退で，若い世代は村上春樹のエッセイに出てくる「小さいけれど確かな幸せ」の追求と同時に，少額のソーシャルビジネスへの寄付を通じて社会を改革することに関心を寄せているそうです。村上春樹の作品は台湾でも若者たちの間で絶大な人気を博しています。台湾の経済成長が伸び悩む中，若者たちは大きな成功

---

6 田畠［2022］。

は望めなくても，少しでも社会に貢献できればと考えています。

　2011年以降，台湾では食の安全を脅かす事件が相次いで発生しました。「可塑剤汚染食品事件」を皮切りに，台湾の大手食品会社，統一企業の原材料サプライヤーが粗悪油を供給していた「地溝油事件」，2015年には人体に影響を及ぼすほどの亜硝酸塩がハム等の加工食品に混入されていた事件が明るみに出ました。大手食品会社による不祥事にショックを受けた台湾の人々は大規模な不買運動で抗議活動を展開しました[7]。

② 市民参画型産業発展モデルによるレジリエンス

　ひまわり学生運動が起こった2014年前後には，当時の与党，国民党政権が経済発展を重視するあまり軽視してきた環境や食品汚染，経済格差，都市部と地方の格差問題に国民の批判が集まりました。地政学リスクや広がる経済格差等，深刻な社会不安を背景に若者たちは様々な方法で主体的に行動を起こし，台湾社会のレジリエンスを高める努力を行ってきました。

　台湾は国家主導型の経済発展モデルから脱却し，学生や市民がエンパワーメントを発揮し，政府と協力しながら経済発展の方向性を模索し，環境保護や食の安全に配慮した産業の立ち上げに参画しています。この市民参画型産業発展モデルは，学生や市民の声をダイレクトに政府の政策や企業の経営に反映させるシステムで，台湾社会全体のサステナブルな発展を目指す強靭なレジリエンスを生み出しています。

　政府による政策の失敗を修正するべく，若者たちは**ソーシャルビジネス**の立ち上げに乗り出しました。ある青年はファンドマネージャーの仕事を辞めて故郷の宜蘭県に戻り，2013年に「幸福果食」という農村ビジネスのプロジェクトを発足させました。農作物の生産と地域の文化を融合させ，ご当地名産のワインを楽しむディナーとブドウ園を見て回るヘリテージツアー，パイナップルを使ったポップコーンや漬物等の食品を現地で実際に調理する体験型ツアー等，様々なプランを提供しています。

　ツアーを通して名産品やその歴史，地域の生活に触れることができるため，

7　謝［2015］；中時新聞網2015年12月7日。

ソーシャルビジネス「幸福果食」が提供している，台湾の海岸線で地域の名産品を使った料理を楽しむヘリテージツアー。
出所：「幸福果食」オフィシャルウェブサイト

農作物の生産から流通，マーケティングまで含めた6次産業化の成功例として注目されています。都市住民が地方の農村を見学し，地域とふれあう農村ツーリズムのブームを生み出しただけでなく，農村の若者たちに就業機会を創出し，限界集落等過疎化問題解決の道筋を提供したことも高く評価されています[8]。

　前述のように，有機食品や乳製品を供給するソーシャルビジネスのスタートアップも意欲的な活動を展開しています。大手企業グループによる粗悪油が混入した食品の販売等，大企業の利益中心主義に国民の批判が高まっています。そこで，台湾のソーシャルビジネスは大資本に対抗するために，**クラウドファンディング**で創業資金や運転資金を調達しています。

　また乳製品のスタートアップとして「鮮乳坊」があります。龔建嘉氏は国立中興大学獣医学部，国立台湾大学大学院獣医学研究科を経て米コーネル大学に留学し，乳牛栄養学について学びました。台湾に帰国後，国内の酪農産業の衰退に心を痛め，2015年4月，仲間数人と共同で小規模農家の産地直送乳製品を販売するソーシャルビジネス「鮮乳坊」を設立し，さらに，前出のソーシャルビジネス，Flying Vのクラウドファンディングのプラットフォームを通じてわずか2か月間で約2700万円相当の資金調達に成功しました[9]。

---

8 幸福果食オフィシャルウェブサイト。

9 『今周刊』2015年6月4日「揪眾募資賣小農鮮奶 微風超市也聞香求上架」。

ソーシャルビジネス「鮮乳坊」が製造，販売している乳製品。
出所：「鮮乳坊」オフィシャルサイト（https://www.bettermilk.com.tw/pages/aboutbettermilk）

　鮮乳坊では，龔氏が獣医として常駐している牧場の乳牛から採取した無調整牛乳や，ヨーグルト，コンデンスミルク，アイスクリーム，クッキー等を製造・販売しています。台湾国内のカフェやレストランでも利用されているほか，大手スーパーや台湾ファミリーマート等のコンビニでも購入できます。

> **コラム**
>
> ## ひまわり学生運動が台湾の大学に与えた衝撃
>
> 　1996年から台湾に留学していた筆者は2007年に国立台湾大学で博士号を取得し，台湾東部の国立東華大学社会学部に専任教員として着任しました。民主化が実現するまで，台湾の学校教育では中国の歴史や地理，文化を主に教えていました。しかし，民主化以降は中国から距離を置き，台湾にフォーカスした学術分野が生まれました。台湾文学，台湾史，台湾の経済や産業の研究，台湾社会の改革と再構築など新しい学問が次々と誕生したのです。台湾の社会が大きく変わる様子を筆者は目の当たりにしました。
>
> 　2014年3月にひまわり学生運動が起こり，私が教えていた国立東華大学の学生たちも運動に参加しました。筆者も学生たちと現場に立てこもり，夜を徹して社会改革について語り合いました。中国の軍事的な脅威から台湾国内の格差問題まで学生たちは悩み苦しみ，そして学生運動が収束した後も社会問題の解決に乗り出していったのです。しかし，行き過ぎた正義感から大学の内外で様々な衝突が起きました。学生たちは大学内部の不正を暴き出し，さらに地方政府の汚職や最低賃金以下で学生を雇用していた飲食店を糾弾し，大混乱を招きました。ひまわり学生運動は台湾の社会に大変革をもたらしましたが，勢い余って激しい衝突が起き，傷ついた学生や市民も少なくありませんでした。筆者もまた社会の変革には痛みが伴うことを，身をもって知ったのです。

Ⅲ　対応策・提言

　このように，学生運動を契機に中国に対する地政学リスクを認識し，覚醒した台湾の若者や市民らは，主に以下の2種類のレジリエンスを構築しました。1つは情報開示に関するレジリエンスです。台湾が直面している中国との地政学リスクの現状を国内だけでなく，クラウドファンディングの力を借りて海外大手メディアに意見広告を掲載して世界に周知する方法です。地政学リスクを当事国だけの問題として対応するのではなく，情報を海外に発信し共有することによって世界全体のリスクという認識に昇華させ，二国間の武力衝突の可能性を最小限に抑えたり，武力衝突が発生したとしても第三国の協力を得やすくしてダメージを緩和したりすることができます。

　そしてもう1つのレジリエンスは，若者世代や市民らが主体的に立ち上げるソーシャルビジネスの発展です。これらのソーシャルビジネスはクラウドファンディングで資金を調達しており，台湾の人々の寄付や募金活動が発展を支援し，市民社会の成長の大きな原動力となりました。

おわりに

　台湾の若者たちは，ソーシャルビジネスの立ち上げで，食の安全や地方創生等の社会貢献に積極的に参加しています。さらにソーシャルビジネスの資金調達がクラウドファンディングで行われており，台湾の人々は少額の寄付という形で斬新なビジネスアイデアを支援することができます。

　このように，台湾は国家主導による発展モデルを脱却し，市民参画型産業発展モデルへと大きく転換しようとしています。市民を中心に政府，企業，地域，NGO団体，さらに大学等の教育機関等もステークホルダーとして産業の発展に主体的に参加することによって，中国との政治的対立や経済格差等のリスクに対する強靭なレジリエンスを培っているのです。

参考文献

川上桃子編・監訳［2021］『中国ファクターの政治社会学』白水社。

幸福果実オフィシャルサイト https://play.niceday.tw/supplier/5〔2022年12月2日閲覧〕

『今周刊』2015年6月4日「揪眾募資賣小農鮮奶 微風超市也開香求上架」https://bit.ly/3HOW26D〔2022年12月2日閲覧〕

謝麗秋［2015］「從2014年食安問題論我國政府治理」財団法人国家政策研究基金会『国政分析』https://www.npf.org.tw/3/15260〔2022年12月2日閲覧〕

田畠真弓［2018］「寄付や募金が支える台湾の市民社会—非経済的贈与が社会改革に果たす役割」『東方』，445号，東方書店。

田畠真弓［2021］「台湾の民主主義が大きく変化したとき—ひまわり学生運動から参加型ガバナンスへ」日本台湾学会『日本台湾学会ニュースレター』。

田畠真弓［2022］「市民参画型の産業発展—助け合い精神が育むソーシャルビジネス」赤松美和子，若松大祐編著『台湾を知るための72章（第2版）』，明石書店。

『中時新聞網』2015年12月7日「細數台灣史上重大食安事件 黑心廠商良心在哪？（下）」https://www.chinatimes.com/realtimenews/20151207004538- 260405?chdtv〔2022年12月2日閲覧〕

Lawton, T.C. and T.S. Rajwani［2018］*The Routledge Companion to Non-Market Strategy*, London: Routledge.

Linz, J.J.［2000］*Totalitarian and Authoritarian Regimes*, UK: Lynne Rienner Publishers.

Oh, C-H. and J. Oetzel［2021］Emerging Non-market Risk in International Business, Project, Discontinuous risks and MNC investments.

第 4 部

業種別
グローバル・ビジネス・
リスクマネジメント

第 **8** 章

日本の製造業の
リスクマネジメント
―川上産業の競争力と
グローバル・サプライチェーン[1]―

■**本章で学ぶこと**■

グローバル経済の拡大は，東アジアのサプライチェーンにおける競争や相互依存関係に大きな影響を与えています。グローバル化の進展に伴い，日本の製造業，とりわけ家電業界などの川下産業は，韓国，台湾，中国メーカーのキャッチアップによる厳しい競争に直面しています。日本の家電メーカーの工場の多くは操業停止に追い込まれ，家電製品に電子部品や製造装置を供給する日本の川上産業は国内の取引先を失いました。国内の大口顧客が失われるという未曽有の危機に直面した日本の電子部品や製造装置メーカー等の川上産業は，グローバル市場へのシフトで活路を見出しました。

本章では，日本の家電メーカーが韓国や台湾企業の追い上げで競争力を失ったため，日本の電子部品や製造装置のサプライヤーが国内市場に見切りをつけ，台湾市場の開拓に乗り出し，サプライチェーンにおける顧客喪失のリスクを転機に変えたレジリエンス（リスクによるダメージから柔軟に回復する力）について学びます。

■**キーワード**■

液晶パネル産業，レギュラシオン理論，部品および装置産業，サプライチェーン，東アジア

---

1 本章は拙稿Tabata, M. [2016] The Collapse of Japanese Companyist Regulation and Survival of the Upstream Industry: Developing East Asian Production Linkage, *Evolutionary and Institutional Economics Review*, Vol.13, Iss: 1 :Springerに加筆，修正を加えて再構成したものです。

はじめに

　台湾のエレクトロニクス産業の成長スピードは2000年頃から液晶パネル業界で日本をしのぐようになりましたが[2]，それは製造工程においてのみでした。電子部品，主要原材料，製造装置では，台湾メーカーは依然として日本の川上産業に依存しています。その結果，日本の川上産業は韓国，台湾，中国企業のキャッチアップにもかかわらず，ビジネスを東アジアのサプライチェーンに拡大し，強い競争力を維持しています。

　本章では，東アジアの**資本主義の多様性**[3]に着目し，レギュラシオン（制度的調整）理論[4]を用いて，日本と台湾の液晶パネル産業の相互依存関係の変化をトレースします。さらに，台湾や韓国企業のキャッチアップが日本企業のイノベーション戦略に与える影響を日台のエンジニア，経営者，政府関係者等に取材して分析を試みました。

　レギュラシオン理論の研究者，AmableとPetit［2003］の定義によれば，イノベーションシステムは，個人の意思決定の単純なプロセスとして捉えるのではなく，政府の政策や法制度等制度的な環境全体を包括する概念とされています。イノベーションは企業，研究者，大学，研究所等のステークホルダーと制度の相互作用により生み出されます。例えば，戦後日本の社会では，安定した終身雇用に支えられた長期的なエンジニアの育成システムが極めて重要な役割を担ってきました。

　さらにAmableとPetitは資本主義の多様性に注目し，地域や国家の経済は制度の多様性の影響を受けると指摘し，これを「**レギュラシオン（制度的調整）メカニズム**」と呼んでいます。日本のような福祉国家の要素を含んだ非市場型の経済システムにおいては，安定した労働市場が人材の長期的な育成と知識の蓄積を促し，銀行と企業の緊密な関係により持続的に資金が提供されます。逆にアメリカのような極めて資本主義的な市場経済においては，柔軟な労働市場

---

2 Tabata［2012］,［2014］。
3 Boyer et al.［2012］。
4 Boyer［1986］。

が人材の流動性を促す一方，労働組合の力は相対的に弱まります。また，金融
システムの規制緩和で資金調達は容易になりますが，銀行と企業間の長期的な
協力関係は崩壊してしまいます。

　次節で述べるように，戦後の日本企業の発展は福祉国家的な非市場型経済と
いう制度に支えられてきました。一方，台湾の制度的調整メカニズムはアメリ
カ型資本主義の市場型経済システムです。この両者の違いはそれぞれのイノベ
ーションシステムに決定的な違いをもたらしています。

　過去の日本企業との技術提携やエンジニアの指導等で，台湾メーカーは液晶
パネルの製造工程に習熟し，もはや日本企業から学ぶ必要はありません。しか
し，部材や製造装置に関しては，依然として日本の技術に依存しています。日
本の川上産業は国内の大口顧客を失ったにもかかわらず，客先をスピーディに
韓国，台湾，中国企業等海外市場へシフトさせることによって競争力を維持し
ています。このような柔軟なグローバル市場へのシフトを可能にさせた日本の
部材や製造装置産業のレジリエンスについて分析するとともに，台湾の液晶パ
ネル産業におけるイノベーションシステムの課題についても掘り下げることが
本章の主なテーマとなります。

I　現状・実態

1　日本の企業主義的調整メカニズムの崩壊と家電産業

　日本のエレクトロニクス産業は1960年代初頭から90年代後半にかけて競争力
を強め，東アジア市場を席捲しました。テレビの商品化から半導体の開発，液
晶パネルの量産に至るまで，日本の家電大手（日立，東芝，三菱，シャープ，
富士通，パナソニック，ソニー，NECの8社など）はこの分野で30年以上に
わたり世界のリーダーシップを担っていました。

　しかし20世紀後半の10年間は，日本の制度的調整メカニズムがグローバル化
と金融自由化の波により大きく変化し，エレクトロニクス産業は韓国企業の追
い上げで競争力を失いました[5]。日本のレギュラシオン理論の研究者たちは1970

5　2009年7〜9月期の時点で日本の大手電機メーカー9社の営業利益の合計は，韓国のサムスン電子1
　社の利益に及びませんでした（『Japan Times』2010年4月30日）。

年代以降の日本の制度的調整メカニズムを「企業主義的調整メカニズム」と定義づけました[6]。筆者が日本と台湾の液晶パネル業界で行った聞き取り調査から，この企業主義的調整メカニズムの崩壊が日本の家電産業に決定的なダメージを与えたことが明らかになりました。

　企業主義的調整メカニズムには雇用の確保と経営の安定という2つの制度的特徴があります。終身雇用は戦後の高度成長期における労使間の協調的関係性であり，また企業が取引銀行との安定した協力関係を構築することによって企業の経営は支えられました。株式の持ち合いや系列システムも日本企業の安定した経営を約束したのです[7]。

　しかし，日本企業の揺れ幅の少ない安定した経営はアメリカからの金融規制緩和圧力と1990年代以降の深刻な経済不況により崩壊しました。すなわち，日本の企業主義的調整メカニズムを支えている雇用保障，年功序列型昇進，従業員福利厚生等の制度が崩壊の危機に直面したのです[8]。この企業主義的調整メカニズムの劇的な変化は日本の家電産業の発展に壊滅的な打撃を与えました。

　日本の大手家電メーカーは戦後の成長期に自社内の一貫生産体制を構築していました。しかし，日本の企業主義的調整メカニズムの変容に加え，2000年のITバブルの崩壊により，これらの企業は大幅な赤字に見舞われました。韓国の企業グループの急速なキャッチアップと深刻な不況で，日本の家電大手は自社の大型液晶パネル製造部門を本社から切り離し，分社化しました。分社化された製造部門は事業を縮小し，中小型液晶パネルの研究開発と小規模生産に注力することになったのです。

　このリストラと人員削減の結果，大型液晶パネルの研究や開発に携わっていた日本の多くのベテランエンジニアは，その専門性を生かすことができず，職を失い，あるいは他の事業部門への異動を余儀なくされました。会社を辞めて起業するエンジニアもいましたが，韓国や台湾の企業にヘッドハンティングされたケースもあり，このような**頭脳流出**は2002年まで続きました[9]。

---

6 Yamada and Hirano ［2012］。
7 Yamada and Hirano ［2012］ pp.16-17。
8 山田 ［2008］ 178-208頁。
9 Tabata ［2012］。

2 台湾液晶パネル産業の台頭—日本のイノベーションシステムの崩壊

　1970年代以降，台湾，シンガポール，韓国は，政府の戦略的産業政策の支援により，IT関連製品の世界的な輸出大国に成長しました。台湾政府は**工業技術研究院**（Industrial Technology Research Institute：ITRI）や**工業技術研究院電子所**（Electronics Research Service Organization：ERSO）等の研究機関が集まる**新竹サイエンスパーク**を設立し，TSMC，UMC等の資本集約的な半導体スタートアップを育てました。

　ITRIとERSOは台湾の国内企業と海外ハイテク企業との協力関係を仲介し，シリコンバレーで実務経験とスキルを磨いた台湾人エンジニアを積極的に雇用しました[10]。1970年代後半に端を発する台湾の液晶パネル産業は，アメリカで経験を積んだ台湾人エンジニアが液晶パネルの実験的製造技術を台湾に持ち帰ったことから始まりました。当初，日本の家電業界は台湾メーカーに量産技術を移転することに及び腰でした。そこで，台湾メーカーはアメリカから導入した実験的な技術をもとに試行錯誤を繰り返し，経験とノウハウを蓄積していきました。その後，韓国政府からの巨額投資により世界市場で高い品質かつ比較的安い価格の家電製品を製造・販売した韓国企業の台頭や，バブル崩壊後の長期的な不況が日本企業にダメージを与えたため，台湾の液晶パネル産業の発展に大きく道が開かれたのです。

　1998年，韓国企業のキャッチアップに苦しんでいた日本の大手家電メーカーは，製造コスト削減のために台湾メーカーへの量産技術の移転に踏み切りました。1997年から2000年にかけて，台湾の主要液晶パネルメーカーであるCPT，ユニパック（Unipac），エイサー・ディスプレイテクノロジー（Acer Display Technology），ハンスター（Hannstar）の各社は日本企業からキーテクノロジー導入を試みました。液晶パネルの製造技術はパソコンの製造技術のような単純なモジュール技術ではなく，マニュアルを熟読する程度では学習できないものです。すなわち，現場での実践的な作業の中で培われる**暗黙知**なのです[11]。そこで，韓国や台湾のエンジニアはこのような暗黙知が埋め込まれた製造装置を日本から調達することで日本のキーテクノロジーを吸収しました。

10　Yeung［2009］p.334。
11　Nakata［2007］。

また，前述のように，日本人エンジニアによる頭脳流出も台湾人エンジニアの技術の習得を助けました[12]。台湾の液晶パネル産業の発展には，台湾のサプライヤーと海外の顧客との協力関係だけでなく，日本のエンジニアによる技術指導や製造装置の導入も重要な役割を果たしていたのです。

　台湾の液晶パネルメーカーは，2000年代前半には液晶パネルのキーテクノロジーをほぼ完全に習得していました。**技術流出**に危機感を覚えた**シャープ**は2004年にブラックボックス戦略，すなわち，液晶パネルの製造技術の海外流出を抑制する戦略を採用しましたが，時既に遅く，技術は全て韓国や台湾に流出していたのです。

　台湾の液晶パネル業界はその後も事業規模を拡大し，日本の家電大手はシャープを除けば，大型液晶パネルの製造事業から完全に撤退しました。大型液晶パネルの製造事業を継続したシャープは多額の赤字に苦しみます。2015年3月上旬，当時の高橋興三社長はメインバンクに金融支援を求めました。さらに，全世界の従業員の10％にあたる約5,000人の人員削減に踏み切ることになったのです[13]。翌年，台湾の**鴻海（ホンハイ）精密工業**がシャープを買収，大型液

デジタルサイネージに利用されているシャープの液晶パネル
出所：シャープ　オフィシャルウェブサイト

12　Tabata［2012］。
13　『Japan Times』2015年3月19日。

晶パネルの製造拠点は日本から韓国や台湾へとシフトしました。

Ⅱ 分析・評価

1 日本の部品および製造装置産業のシフト―新たなグローバル市場の開拓

液晶パネル（図表8-1）は家電産業にとって非常に重要なパーツです。液晶パネルはフラットテレビ，スマートフォン，タブレットPC，デジタルサイネージ等様々なデジタル機器に利用されています[14]。液晶パネルは約25種類の部品で構成され，これらの部品が40～42インチの液晶テレビパネルの総コストに占める割合は75%以上です。コストが高い5種類の部品の主なサプライヤーは図表8-2の通りです[15]。

図表8-2が示すように，2009年の時点で，日本企業は液晶パネル用部品の世界市場を完全に掌握しました。1990年代後半から2000年代後半にかけて，日本の液晶パネル部品メーカーの世界シェアは60%を超えていたのです[16]。**液晶パネル製造装置**の世界市場も日本企業がほぼ独占しており，その技術レベルは世界トップクラスで，その状況は現在でも続いています（**図表8-3**）。

図表8-1 液晶パネルの構造

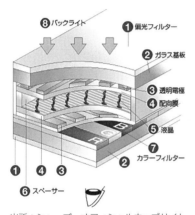

- **❽** バックライト
- **❶** 偏光フィルター
- **❷** ガラス基板
- **❸** 透明電極
- **❹** 配向膜
- **❺** 液晶
- **❼** カラーフィルター
- **❻** スペーサー

出所：シャープ オフィシャルウェブサイト

---

14 Hilsum［2010］, p.1027。

15 Jurichich［2009］p.1。

16 呉［2014］101頁。

図表8-2　コスト比率の高い部品５種の主要サプライヤー

液晶パネルの キーコンポーネント	液晶パネル 製造コスト全体に 占める割合（％）	主要サプライヤー
バックライト・ ユニット	33%	Radiant（台湾） Coretronic（台湾） Taesan（韓国） Heesung（韓国） Sharp（日本，内製）※ AUO，CMO（台湾，内製）
カラーフィルター	19%	凸版印刷（日本） 東レ（日本） DNP（日本）
偏光板	9%	富士フイルム（日本） クラレ（日本） コニカ（日本） 日東電工（日本）
アレイ用 ガラス基板	8%	旭硝子（日本） Corning（米国） NHテクノグラス（日本） 日本電気硝子（日本）
バックライト・ インバーター	7%	Darfon（台湾） Foxconn（台湾） Logah（台湾） シャープ（日本） 太陽誘電（日本）

※　：シャープのバックライト・ユニットは全て内製です。AUOとCMO（台湾の主要液晶パネルメ
　　ーカー）は液晶テレビのバックライトの内製組立比率を徐々に拡大しています（Jurichich
　　[2009] p.5）。
出典：Jurichich [2009]。

図表8-3　液晶パネル製造装置の主要メーカー

	スパッタリング 装置	CVC装置	露光装置	コーター/ デベロッパー	ドライ・ エッチング装置
日本企業	アルバック キヤノンアネルバ 日立造船	アルバック 日立造船	ニコン キヤノン 日立ハイテク SCREENホール ディングス ブイ・テクノロジー ウシオ	SCREENホールディ ングス 東レエンジニアリ ング 東京応化工業/ タツモ※ 東京エレクトロン 芝浦メカトロニクス ミクロ技研	東京エレクトロン Y.A.C.
外国企業	AKT（AMATグル ープ，米国）	AKT（AMATグル ープ，米国） Jusung Engineering（韓国）		SEMES（韓国） Systems Technology（韓国）	WONIK IPS （韓国）

※　：東京応化工業とタツモはコーター/デベロッパー事業で協力関係を樹立しました（益子 [2014]
　　p.2）。
出典：益子 [2014]。

　前節で見たように，日本の大手家電メーカーは液晶パネル業界から撤退し，2000年代から液晶パネル製造業界は台湾，韓国，中国が席巻しています。にもかかわらず，日本の液晶パネル製造部品および製造装置メーカーが今も高いシェアを誇っているのはなぜでしょうか？　あらためて2000年代以降の大型液晶パネル業界の推移を見ていきましょう。

　日本の大手家電メーカーが大型液晶パネル業界から撤退したことで，液晶パネル製造の中心地は日本から台湾等他の東アジア諸国にシフトしました。そして，日本の部品および製造装置メーカーは国内の主要顧客を失い，勢いの凄まじい台湾や韓国の液晶パネルメーカーに部品や製造装置を販売していく必要に迫られ，液晶パネルの部品や製造装置の主な市場は台湾，韓国，中国の３か国になったのです。日本の部品および製造装置メーカーは，台湾，韓国，中国の後発企業との競争で生き残るために，世界市場戦略の構築に迫られました。

　日本の液晶パネル製造装置メーカーA社の幹部によると，韓国メーカーが日本勢を追い越したことで，台湾の顧客の交渉力が極めて強くなったそうです。例えば，日本の液晶パネル製造装置メーカーが台湾の顧客と取引する場合，台湾の顧客は日本メーカーよりも韓国メーカーとの取引実績を重視します。

　日本の顧客を失った部品および製造装置メーカーは圧倒的な技術優位を武器に台湾や韓国，中国の顧客の開拓に努力しました。台湾の液晶パネル関連部品や製造装置メーカーは莫大な費用を投じる必要がある研究開発に消極的であるため，日本企業からの調達に頼り，部品や製造装置の調達比率は韓国メーカーのそれを上回っています。1996年時点で，日本の液晶パネル製造装置の78％が国内市場向けで，輸出はわずか22％でした。ところが，1999年を境に輸出比率が大きく伸び始め，2005年は国内向けがわずか19％に減少，輸出比率は81％に拡大し，国内外の需要が逆転したのです。この輸出の内訳は台湾向けが全体の63％に達し，韓国は31％，中国は４％でした[17]。

　日本の部品や製造装置メーカーは東アジアの液晶パネル業界で依然として圧倒的な技術優位を維持しており，韓国や台湾，中国の液晶パネルメーカーへの影響力はかなり大きくなっています。日本屈指の規模を誇る製造装置メーカー

17　経済産業省［2013］38-39頁。

C社のインフォーマントによれば，日本の部品および装置メーカーが近い将来，台湾や他のアジア企業にキーテクノロジーを移転する可能性は極めて低いと強調しています。また，液晶パネル製造装置の技術上の優先課題は，正確かつ精密な製造工程の構築に加えて，歩留まりをできるだけ引き上げることだそうです。

2 日本の川上産業のレジリエンス

ここで1つの疑問が残ります。日本の企業主義的調整メカニズムが崩壊し，日本の企業経営に暗雲が垂れ込める中で，なぜ液晶パネルの関連部品や製造装置メーカー等の川上部門の企業がレジリエンスを発揮し，技術の優位性を維持できているのでしょうか？

日本の川上産業のレジリエンスには2つの重要な特徴があります。1つは，日本の**川上部門**の企業が**中間財**を生産していることです。最終製品の主な市場は日本から韓国，台湾，中国等にシフトしましたが，日本の川上部門の企業は顧客を日本の家電大手から韓国や台湾，中国の液晶パネルメーカーにシフトさせれば問題ありません。

そして，より重要なことは，日本の川上産業の**技術のシナジー効果**です。技術のシナジー効果とは，市場の変化に対応して既存の成熟した工業技術を新興産業に応用し，新興産業の成長を促進することです。例えば，日本を代表する化学工業大手，凸版印刷，東レ，大日本印刷，富士フイルム株式会社は，ケミカル素材産業における技術優位性を生かして液晶パネル関連部品や製造装置事業に参入しました。

日本の資本主義経済は100年以上の発展の歴史があり，明治維新後は部品，素材，設備など様々な産業分野を生み出しました。長期的な技術の蓄積により広範な裾野産業を育成してきたのです。一方，韓国や台湾は戦前から戦後を通じて植民地統治や軍事独裁政権の台頭，北朝鮮や中国との度重なる政治的対立に翻弄され，高付加価値の部品や素材，製造装置のメーカーが長期的に人材や技術を育成する機会がありませんでした。技術のシナジー効果は日本企業の技術優位性を支える強靭なレジリエンスになっています。このようなレジリエンスに乏しい韓国や台湾の企業にとって，液晶パネルの主要部品や製造装置産業への参入障壁は極めて高いといえます。

> **コラム**
>
> ## 中国に流出する台湾のハイテク人材
>
> 　1987年に戒厳令が解除され民主化が実現するまで，台湾の国民党政権は強権的な一党独裁政治を展開していました。独裁政権時代の名残で，台湾では労働組合の発展が著しく遅れてしまいました。既存の組合は政府や企業の御用機関で，賃上げ闘争を起こすことは不可能だったのです。近年，国民の人権意識が高まってきた影響で，労働者の権益を守る，労働者のための組合が活発に組織されるようになりました。
>
> 　しかし，長らく労働組合が機能していなかったため，台湾の基本給は極めて低い水準にとどまっています。文系の大卒初任給は10万円程度で，半導体製造部門のエンジニアは比較的給与水準が高いとはいえ，初任給は16万円程度とそれほど高くありません。一方，中国の企業は2010年以降，台湾の3倍の給与水準を条件に台湾のハイテク人材や経験豊富な人材を引き抜き始めました。高額のオファーに魅かれて中国に渡ったケースも多く，半導体や液晶パネル産業のエンジニアも中国企業に転職していきました。
>
> 　人材の国外流出は日本の事例を見てもわかるように，技術の流出に直結しています。台湾政府は人材の流出に困惑し，対策に苦慮しました。しかし，最近になって中国の就業市場の闇が露呈し，台湾の人材が中国で就業するケースは減少しつつあります。中国では最初の数年は高額の給与水準を提示するのですが，契約期間が終了すると解雇される，長期的な雇用が保障されないため，中国に転職しても意味がないと考える台湾の人々が増えてきたためです。

Ⅲ　対応策・提言

　レギュラシオン理論やHallとSoskice［2001］によるVOC（varieties of capitalism：**資本主義の多様性**）の理論的視角は，企業とその活動を取り巻くステークホルダーとの関係性にフォーカスしています。経済パフォーマンスを向上させるために，企業は取引先，政府，政策立案者，労働組合，雇用主等のステークホルダーとのネットワークを構築します。そして，レギュラシオン理論や資本主義の多様化理論においては，このような**ステークホルダー相互の調整メカニズム**を国ごとに比較分析しているのです[18]。

18　Hall and Soskice［2001］pp.45；Yamada［2008］pp.112-127。

　日本は**調整型市場経済**（coordinated market economy：CME）の典型であり，前述のように企業主義的調整メカニズムは戦後の日本経済の発展において重要な役割を果たしました。バブル崩壊後の長期的な不況の中で，終身雇用や企業と銀行の緊密な協力体制に支えられた企業主義的調整メカニズムが崩壊し，日本から韓国，台湾への頭脳流出が始まったのです。

　人材流出に伴う技術の流出で日本の家電産業は大きなダメージを受けました。日本の家電大手が次々と大型液晶パネル事業から撤退したため，液晶パネルの関連部品や製造装置メーカーは国内市場を失い，グローバル市場の開拓に乗り出しました。日本の部品や製造装置メーカーはこのようにして海外市場にシフトすることで国内市場消滅の危機を乗り切ったのですが，今後この技術の優位性が維持されるかは未知数です。

おわりに

　日本の企業主義的調整メカニズムが崩壊したことで，日本の就業市場も成果主義や転職が主流となりつつあります。エンジニアが終身雇用に守られてノウハウや経験を長期的に蓄積し，じっくりと技術開発に取り組むことはいずれ不可能になるでしょう。さらに，韓国や台湾企業は日本の技術水準に追いついています。基幹部品や装置の製造でも日本を凌駕する存在になるでしょう。

　雇用保障の崩壊はエンジニアやプロフェッショナルな人材の失業と海外への頭脳流出を招きました。バブル崩壊後の日本では，終身雇用や年功序列，企業と銀行との長期的な協力関係等の企業主義的調整メカニズムは失われつつあります。今こそ，グローバルな産業構造の変化と就業者の長期的なキャリアパスを見据えて，政府，企業，大学等研究機関，業界団体，労働組合等のステークホルダーが手を携えて，成果主義と長期的な雇用の安定を兼ね備えた日本独自の調整メカニズムを模索する必要があります。

参考文献

経済産業省［2013］「統計報告書」http://www.meti.go.jp/statistics/toppage/report/bunseki/pdf/h17/h4a0603j1.pdf

呉嘉鎮［2014］「台湾液晶産業の発展における日系部材メーカーの役割」『名城論叢　3月』99-117頁。

シャープ　オフィシャルウェブサイト　https://jp.sharp/business/lcd-display/lineup/

益子博行［2014］「過去のサイクルとの違いを踏まえた液晶パネル装置メーカーの生き残り戦略」『Mizuho Industry Focus』Vol.166, digidepo_11424127_po_mif_166.pdf（ndl.go.jp）

山田鋭夫［2008］『さまざまな資本主義―比較資本主義分析』藤原書店。

Amable, B. and P. Petit［2003］The Diversity of Social Systems of Innovation and Production During the 1990s, In: Touffut, J-P.（ed）*Institutions, Innovation and Growth: Selected Economic Papers*, Edward Elgar, Paris, pp.207-244.

Boyer, R.［1990］*The Regulation School: A Critical Introduction*, Columbia University, New York.

Boyer, R., H. Uemura and A. Isogai（eds）［2012］*Diversity and Transformation of Asian Capitalism*, Routledge, London.

Hall, P.A. and D. Soskice［2001］*Varieties of Capitalism: the Institutional Foundations of Comparative Advantage*, Oxford University Press, New York.

Hilsum, C.［2010］Flat-panel Electronic Displays: A Triumph of Physics, Chemistry and Engineering, *Philos Trans: Math Phys Eng Sci* Vol.368, pp.1027-1082.

Japan Times, Mar. 19th, 2015, Sharp Considers Shedding 5,000 Jobs Worldwide. http://www.japantimes.co.jp/news/2015/03/19/business/corporate-business/sharp-considers-shedding-5000-jobs-worldwide/#.VTvxEuqJipo〔2022年12月2日閲覧〕

Jurichich, S.［2009］*Summary of the TFT LCD Materials Report*, Display Search, http://www.displaysearch.com/products/samples/execsummary-materials.pdf〔2022年12月2日閲覧〕

Lipietz, A.［1987］*Mirages and Miracles*, Verso, London.

Nakata, Y.［2007］Japanese Competitiveness in the TFT-LCD Industry: Analysis of Slump and 'Core National Management' Approach, *RIETI Discussion Paper Series*, 07-J-017, RIETI, Tokyo.

Tabata, M.［2012］The absorption of Japanese engineers into Taiwan's TFT-LCD industry: globalization and transnational talent diffusion, *Asian Survey* 52（May/June）, pp.571-594.

Tabata, M.［2014］The rise of Taiwan in the TFT-LCD industry, *Journal of Technology Management in China* No.9.

Yamada, T. and Y. Hirano［2012］How has the Japanese mode of regulation changed?, In: Boyer, R., H. Uemura and A. Isogai（eds）*Diversity and transformation of Asian capitalism*, Routledge, London, pp.15-30.

Yeung, H. and W. Chung［2009］Regional development and the competitive dynamics of global production networks: an East Asian perspective. *Reg Stud*, 43, pp.325-351.

第 9 章

アジアの旅行業と
リスクマネジメント

■本章で学ぶこと■

　グローバル化に伴い旅行のニーズも多様化しています。製造業の言葉を使え
ば少品種大量生産的なパック旅行から，単なる観光地の訪問だけでなく，顧客
それぞれが様々な価値を求めて，国内外の人々の生活を理解し，知り合い，今
後の自分の生き方に役立てようとする目的別の個人のフリー旅行の方が求めら
れてきています。そのため，こうしたニーズを満たすためには観光業界は単な
る「ビザ，航空チケット，宿泊，交通手段の手配師」的な業務だけでは十分で
はなくなってきています。様々なニーズにあった個人レベルのフリー旅行を安
全に提供するためには事前のリスクに関わる情報を顧客に幅広く提供し，それ
をヘッジする手段もアドバイスしていくことが必要になっています。また，こ
うした機能をIT技術によって柔軟に高めていくことが必要です。本章ではグロ
ーバル化が進展する中で観光を取り巻く状況がどうなってきているのか，そし
てどのようなリスクが現実にあるのか，そのリスクと情報についてどう考えれ
ばよいのかについて学びます。

■キーワード■

　旅行ニーズの多様化，旅行の娯楽以上の価値，平和産業，LCC，SNS，安全な旅行の
催行，旅行リスクのマネジメント対応，海外経験を持つ人材の活用

はじめに

　旅行市場を目的別に分けるとビジネス旅行と観光旅行に分けることができます。新型コロナウイルス感染症のパンデミックの影響やロシアのウクライナ侵攻等により，海外企業との商談，海外支社・工場への短期技術指導等が控えられるようになりました。そしてオンラインによるコミュニケーションに代替が進んでいるため，2022年12月現在ではビジネス旅行の需要は停滞しています。

　一方，観光旅行の需要は現在，各国政府が感染対策を緩和し，ウィズコロナ政策を推進していることから，これまで抑えられていた需要が急速に回復しています。日本からの**アウトバウンド**需要は従来のようにハワイを含むアメリカ，韓国，台湾，中国，タイ等への旅行に向かっていますし，**インバウンド**需要も韓国，東南アジア，香港，台湾，北米，オーストラリアからの観光客を中心に回復しています。特に韓国，台湾，香港，タイなど，従来からリピート客が多い国と地域からの需要は着実に回復しています。また中国も2022年末，「ゼロコロナ」政策を転換し，2023年1月からは入国後PCR検査や隔離を撤廃しました。

　しかし，コロナウイルスが次々と変異していく中で，以前のように自由な国内外旅行が完全かつ無条件にできる状況になっているとはいえません。

Ⅰ　現状・実態

　コロナ禍の期間にグローバルなデジタル化が一層進展しました。個人がオンライン旅行などインターネットによる大量かつ詳細な海外情報に触れたため，人々はより深い価値を旅行に求めるようになっています。例えば，秘境に個人で行く若い観光客が増えています。これはインターネット等を通じて様々な情報が日常的に送られてくるようになり，今までは異世界のように感じていた場所についての情報量が多くなったこと，そして，その情報が公式ガイドブックなどではなく，訪問者が現地から個人ベースの情報（ブログなど）として発信されてきており，その場所が身近に感じられるようになったこととも関係があ

ると考えられます。

　観光先となる地域の候補が広がっただけでなく，インターネット情報に基づいた旅行ニーズは，これまでよりも具体的な目的を持ったものになっています。したがって，決められたメニューに沿って移動する団体旅行よりも，自分であるテーマを持って自由に移動する個人旅行がより強く求められているようです。特に若い世代は狭い意味の「観光」の枠組みを超えて，「学習」，「探求」，「発見」，「自分探し」といった志向を持ち，1回だけの記念的な訪問よりもリピート訪問，長期的な訪問を好んでいくかもしれません[1]。

　その例として，興味を持った国の文化や言語を深く知り，身に付けるための留学やその先の就職といったキャリアに結びつけるための旅へのニーズが顕在化しています。娯楽以上の価値を旅行に求める人々の「市場」ができてきているのです。また，政府の後押しもあり，在学中の留学を必修として定める大学の学部・学科も増えています。

　また，外国人のインバウンド個人旅行についていえば，特に東京五輪開催決定前後から外国人観光客の日本に対する関心は高まり，また関心の内容も多様化，詳細化しています。日本文化の伝統文化・サブカルチャーに始まって日本人自身が興味を持たなかったマイナーなもの・交通の不便な場所にすら，目新しい意味・価値を感じ，日本への訪問を希望する外国人観光客が増えています。

　旅行業界の視点から見れば，旅行に関わる面倒な手続き代行（フライトやホテルのブック，ビザ取得の代行等）で利益を得るビジネスモデルに加えて，より具体的な価値を顧客に提供するサービスが求められているように思われます。

II 分析・評価

1 新たに生まれた観光業のリスク

　インターネットの普及により観光地の様々な情報が日常的に入手できるようになりましたが，情報量が増えたことと身近に感じられるようになったことが，その場所への旅行に伴うリスクを低減させるわけでは必ずしもありません。む

---

1 波潟［2021］。

しろ，十分な準備もなく，そうした地域に観光客が増えたことで観光業にとっても，観光客自身にとっても様々なリスクをもたらしているといってもよいでしょう。

　新型コロナに関わる各国の政策のばらつきにより国際旅行において様々な混乱が起きたのは周知の通りですが，つい最近でも南米の中では比較的身近な国であり，日本との経済協定にも加盟しているペルーで政治的な暴動が起き，それが全国に拡大したことで空港が閉鎖され，鉄道は全便が運休になるなど交通インフラがマヒしました。このことによりマチュピチュ遺跡等への日本からのツアー観光客数十名が帰国できなくなったという事件がありました。

　このように，些細な政治的な混乱が一気に全国に広がり，世界中の観光業にとってリスクとなる事例が増えているのです。筆者も2019年夏，旅行中に香港で起こった過激なデモ隊の香港国際空港の占拠とそれによる空港閉鎖に偶然遭遇したことがあります。この時，香港国際空港では全便キャンセルされ，多くの日本人観光客・ビジネス客が足止めされました。このように海外旅行という行為には，より一層のリスク対応能力が求められるようになりつつあります。

香港国際空港を占拠したデモ隊
筆者撮影（2019年8月）

2 通信・交通インフラとSNS

　近年の通信インフラの驚異的な整備により，インターネットは高速大容量の情報を瞬時に世界中の人々に届けることを可能にしました。個人の自由な旅行を求める背景にはインターネットの普及，特にSNSの発達で国境を越えて個人間で情報を交換できるようになったことがあります。ある旅行者がたまたま，見つけた，知られていない風景や動画をインスタグラムやYouTube，TikTokにアップロードすると瞬時に世界中の人が閲覧し，さらに他者に共有できるようになったわけです。

　また，世界各国からの直接投資を呼び込むため，アジア各国の政府は積極的に最先端の交通インフラを整備しつつあります。この結果，大都市はもちろんのこと，中小都市へのアクセスが格段に向上しました。例えば，かつては香港からマカオに行くにはフェリー以外では行けませんでしたが，中国政府の莫大なインフラ投資により香港・マカオ・珠海を結ぶ大橋が開通し，以前と比べて格段に交通が便利になりました。今ではバスで香港からマカオに行けますし，高速鉄道で香港中心部から15分ほどで中国の最先端都市である広東省の深圳まで行くことができます。これは中国政府がこれらの地域を先進技術による広域経済圏にしようとし，金融機能・貿易機能・生産機能の**ハブ化**を進めたからです。

コラム

中国・華南地方の大規模交通インフラ開発

　中国の広東省と香港特別行政区，マカオ特別行政区から成る粤港澳大湾区（広東・香港・マカオ・グレーターベイエリア，以下「大湾区」）は，7,200万の人口を抱え，域内総生産は1兆6,795億米ドル（1人当たりは2万3,371米ドル）という，中国における有数の経済エリア・工業地帯です。2017年7月1日に，国家発展改革委員会と広東省・香港・マカオ政府が署名した取り決め（「深化粤港澳合作　推進大灣區建設框架協議」）によって始動したこの「大湾区」構想について，2019年2月に中央政府が発表した「粤港澳大灣區發展規劃綱要」は，2022年までの短期目標・計画，また2035年までの長期的な展望について規定しています。

　この「規劃綱要」の中で，中央政府は「大湾区」について「わが国において最も開放されており，経済の活力が最も強く，国家発展の局面において重要な戦略地位」と述べ，特にインフラ建設については，香港や深圳，広州各空港の機能拡張とともに，「大湾区」内の主要都市間を1時間以内で移動できるようにする目標を掲げ，高速鉄道や高速道路の建設，本土・香港間および本土・マカオ間のボーダーゲートの増設を推進しています。特に香港に関わるインフラ建設について，香港政府は5つのプロジェクトを挙げています。

　第一に，2018年9月に全線開通した「香港・深圳・広州高速鉄道」です。これまで在来線で2時間強かかった香港・広州間を47分（香港・深圳間は14分）で結ぶこの高速鉄道は，金融都市である香港とスタートアップ企業が集まる深圳，自動車産業の中心地である広州の結びつきを強め，エリア全体の成長を底上げする狙いがあるとされます。また高速鉄道の開通によって，本土から香港への観光客の増加や，香港から深圳や広州の不動産に対する投資の増加も見込まれています。

　第二に，2018年10月に開通した「香港・珠海・マカオ大橋」です。総工費1千億人民元，海上橋としては世界最長となる全長55キロメートルのこの橋は，フェリ

ーで1時間かかった香港・マカオ間をバスで35分で結ぶとともに，従来陸路で4時間以上要した香港から広東省珠海への道のりをわずか45分へ大幅に短縮しました。これによって，物流面のみならず，海外および中国本土から香港（空港）を訪れる観光客を珠江デルタの他の地域に誘致する効果も期待されています。

　第三に，香港の出入境ポイントとしては15カ所目（陸路としては7カ所目）となる「蓮塘／香園圍口岸」です。2020年8月に供用が始まったこのボーダーゲートは，香港と深圳東部を結び，香港から恵州や汕頭など広東省東部へのアクセスの向上を目的としています（九龍塘から恵州に向かうバスでは，約30分の短縮効果）。また，人の流れより物流に主眼を置いた税関となっており，1日当たり1万5,000台の貨物車両の税関業務をこなす能力を備えています。

　第四の「南沙大橋」は広州市南沙区と東莞市沙田鎮を結び，2019年4月に開通しました。虎門大橋に次ぐ，珠江をまたぐ第2の橋として珠江河口の東西両岸の交通渋滞を大幅に緩和する効果があると見られています。

　最後に，2024年に開通予定の「深中通道」は，深圳市宝安区と中山市を海底トン

ネルと海上橋で結ぶプロジェクトです。「深圳・東莞・恵州」エリアと「珠海・中山・江門」エリアが最短距離で結ばれることとなり，特に深圳と中山間は車での所要時間が2時間から20分に大幅に短縮される予定です。

　以上のように，数々の巨大なインフラによって広東省と香港，マカオは「大湾区」として，急速な一体化が進んでいます。

香港からマカオへは海上大橋で連結され，直通バスにより大幅にアクセス時間は縮小された。

高速鉄道・香港西九龍駅構内と列車「動感號」
筆者撮影（2019年撮影）。

　こうしたインフラ整備は周辺地域のビジネス人口の流動化にも大きな促進要因になりました。時間短縮で通勤が極めて容易になったため，以前からあった「香港に住んで中国に仕事に行く」ことがより一般的になったのです。この恩恵は言うまでもなく観光業にも大きく及んでいます。例えば，高速鉄道の開通によって，今まではいけなかった景勝地（桂林など）に香港から日帰りで行けるようになったのです。

　交通インフラといえば，アジア各国では多くの航空路線が開拓され，多くのLCC（ローコストキャリア）が新しく設立されました。また大手航空会社が既存のLCCを買収して系列化し，もともとのルートと統合することによって，個人の自由な旅行を求めるアクティブな若い旅行者層に低価格で多様な航空ルートの選択肢を提供するようになりました。

　こうした観光を取り巻く環境の変化は日本国内へのインバウンド観光にも大きな恩恵をもたらしています。東京圏ではLCCの多くは羽田空港ではなく成田空港から発着していますが，地方都市に直接足を延ばそうとする外国人観光客にとってはあまり気にならないようで，これからも多くのLCCの成田空港への就航が見込まれ，それが成田空港の拡張の決定にもつながりました。

成田空港には多くの外国系LCCが就航し，様々な渡航ルートの選択が可能になっている。
筆者撮影（2022年8月）

3　旅行業のグローバリゼーションとローカリゼーション

　日本文化に関心を持つリピーターの外国旅行者は，伝統的な旅行ルートである東京−京都−大阪や北海道などのみならず，SNSで閲覧した日本の地方都市にも足を延ばすようになりました。東京五輪の開催に向けて地方都市においても英語の案内表示を急速に増やしたことが功を奏したこともあるでしょう。また，もともと他国に比べて気軽に乗れる地方ローカル鉄道が存在していることもあり（定時性などの面において），日本人が観光価値をそれほど認めていなかった地域にも外国人観光客が訪れるようになっています。

　ところで，日本に限らず，世界ではグローバル化により大都市に資本と人口が集中し，都市と地方の経済的格差が拡大しています。こうした矛盾を解決する産業として，地方に存在し維持されている観光資源を活用し，消費を喚起して経済を活性化する機能を持つ**観光産業**は，今後も各国の主要産業となっていくに違いないと考えられるでしょう。

　日本も地方の人口減少を食い止める「**街おこし**」の産業として，観光に行政が力を入れていることは言うまでもないですし，地方大学に観光学部や観光学科などが設置されていることを見ても観光人材を地方独自で育成し，若い世代に地方に住み続けてもらいながら，街おこしに貢献してもらいたいとの意図が示されていることがわかります。

　このようにアウトバウンド観光であれ，インバウンド観光であれ多くの可能性を持つ観光分野ですが，問題は観光業が世界情勢，昨今の事例に即していえば政治的・軍事的対立や紛争，感染症の蔓延に極めて脆弱でその影響を一気に強く受けやすい「**平和産業**」であることです。例えば2022年2月以降のロシアのウクライナ侵攻が観光業に与えた影響として，欧州とアジアを結ぶ航空ルートは変更を余儀なくされ，石油・天然ガスなどのエネルギー価格の上昇は航空運賃（燃油サーチャージ）などに跳ね返っています。また感染症のパンデミックも各地の観光地，すなわち，ホテル業界，運輸業界，小売業界に，コロナウイルスが次々と打撃を与えていくことを私たちは嫌というほど思い知らされました。したがって，常に国内外の正しい情報を前広に収集・分析し，最悪のシナリオを用意し，そして対応していかなければいけません。

コラム

コロナ禍で消えていった香港の名所・名店たち

　コロナ禍前，香港における観光業は，海外からの訪問者数5,600万人（2019年），関係業界の就労者数25万6,900名（2018年・労働力人口は398万人），観光客による関連総消費額は2,600億香港ドル（2019年・約4.4兆日本円）に上り，域内総生産の4.5％を占める非常に重要な産業でした。この香港の観光産業が新型コロナウイルスの感染拡大による移動制限によって，受けた影響は計り知れません。特に残念なことは，観光客や地元の人たちに愛された観光名所・老舗の閉店・閉業が相次いだことです。最も有名な例は，香港島・香港仔（アバディーン）にあった香港の象

徴の一つ・水上レストラン「珍宝海鮮舫」との別れではないでしょうか。

　1976年開業のジャンボは中国の宮殿を模した設計で，３フロアに2,300人を収容でき，水上に浮かぶ巨大で豪華絢爛（けんらん）な海鮮レストランでした。レストランとの往復には渡し船を使うという特異な経験もでき，観光名所として半世紀近く，世界中の人々に愛されてきました。しかし，もともと2010年代には経営に陰りが見えており，明報など地元メディアによると，新型コロナウイルスによる2020年３月の営業停止前の時点で累計赤字が１億香港ドルに達していたそうです。停泊地に隣接するテーマパークの香港海洋公園との共同活性化計画などを模索してきましたが，いずれも頓挫し，海事免許の切れる2022年６月いっぱいで香港仔を去り，東南アジアなどコストの安い域外の海上に停泊しながら，引き取り先を続けるとしていくと発表されました。

　そして，６月14日午前11時50分頃，香港政府海事処の支援のもとタグボートにひかれ，伴走艇に守られながら新たな停泊地へと出発。当日は朝から多くの市民が詰めかけ，その関心の高さを

在りし日の水上レストラン「珍宝海鮮舫（ジャンボ・フローティング・レストラン)」

うかがわせましたが，その後えい航中に悪天候に見舞われ，南シナ海の西沙諸島近くで船内に水が入り傾き始め，19日に転覆してしまいました。

　また，同年には1993年創業の菓子小売りチェーン「優の良品」の全店が営業を停止。７月中旬にはレトロな内装や香港式のメニューで地元客や外国人観光客に愛された九龍地区・油麻地の茶餐庁「美都餐室」が閉業を決め，８月には中環（セントラル）にある1918年創業の老舗ワゴン式飲茶店「蓮香楼」が閉店しました。特に，老舗四川料理店として知られ，故李小龍（ブルース・リー）主演作の一つ『死亡遊戯』のロケ地としても知られる銅鑼湾（コーズウェイベイ）の1971年創業の「南北楼」が，2020年12月31日をもって閉店してしまったことは，多くの香港映画ファン・香港マニアに衝撃を与えました。料理はガイドブックでもたびたび紹介され，それを目当てに多くの観光客も訪れていました。このように自らが訪れた名所・名店たちが消えていくことは，香港を愛する者として悲しい限りです。

　いずれのケースも，新型コロナが流行してから海外や中国本土からの観光客が消え，2022年に入ってからは感染爆発で３か月以上，夜間の外食が禁止になったことで地元客の足も一気に遠のいたことが原因とされています。飲食業界団体，香港餐飲聯業協会の幹部によると，広東料理店の夜間の客単価は200〜250香港ドルであるのに対し，昼は100HKドル以下であり，昼の営業だけに頼って営業を続けることは苦しい状況であり，従来は夜営業に重きを置いていた店でも，夜間の売上が未だにコ

ロナ前の1～2割に落ち込んだままの店も少なくないといいます。

　コロナ禍では香港の地元旅行会社も打撃を受けました。1972年に創業し最盛期には香港やマカオに十数支店を抱えていた「星晨旅遊」が1月に清算手続を開始。また1966年設立の老舗で，全盛期には香港，マカオ，本土で20を超える支店を展開し，テレビCMやミスコン番組「ミス香港」への協賛などでも知られた，香港を代表する旅行会社・「康泰旅行社」も債務超過のため再建は困難と判断され，10月に清算手続に入ることが決まりました。旅行業界団体の香港旅遊業議会の幹部は地元メディアに対して，2022年10月末時点で地場旅行会社の1割（1,671社が加盟していることから，100社以上）が倒産する可能性があるとの見通しを示しました。

　また，香港島・中環（セントラル）の1985年創業の老舗外貨両替店「百年找換」はこのほど，2022年1月をもって営業を終了すると発表しました。兌換レートが良心的で，筆者も何度も利用させてもらいましたので，残念の一言につきます。不動産仲介大手関係者によると，香港の中心部の外貨両替店は直近1年で3割ほど減少し，今後も閉店が相次ぐ見込みといいます。

　その一方，香港政府は2022年のはじめには海外からの入境者に対し21日間の隔離を課していましたが，9月には最終的に隔離の廃止を決定しました。さらに2022年12月14日，個人行動記録アプリの使用義務が解除され，海外からの入境者に義務付けられている入境後3日間の行動制限もなくなり，12月28日にはついに香港政府は入境時PCR検査義務や「ワクチンパス」制度をはじめとする新型コロナウイルスの感染防止策である各種規制をほぼ全面的に撤廃すると発表し，香港入境のハードルがなくなりました。また，公共の場での社会的距離をとるための措置も全面的に廃止し，強制的な検疫措置や濃厚接触者の特定も今後は行わないと発表され，2023年3月1日からはマスクの着用義務も完全撤廃されました。

　一方でこの間，新たに誕生した名所もあります。その象徴が2022年7月2日に一般公開が始まった，「西九文化区」の香港故宮文化博物館です。同館は9つの展示室で構成され，北京にある故宮博物院が収蔵する書物，陶磁器，像，絵画など186万点の膨大な収蔵品中から，約900点の象徴的な美術品が展示され，そのうち国家第1級文物（国宝）は166点となっています。

　また2022年6月3日，中国広東省深センとの境界に位置し，住民以外の立ち入りが制限されている区域「禁区」であった香港・新界地区の沙頭角地区について，香港政府は約70年ぶりに一般開放しました。沙頭角の埠頭から客家の伝統集落や離島を訪れるエコツアーなどに参加できるようになりました。

　今後，香港と中国本土との隔離なし往来が2023年1月8日から再開され（出入境の事前予約・陰性証明などは必要），運行が停止されていた広東省広州・深圳と香港を結ぶ高速鉄道も15日に3年ぶりに再開しました。新型コロナウイルス流行前の2019年には約4,300万人の本土観光客が香港を訪れており，往来再開によって李家超行政長官も「莫大な経済効果がもたらされる」と述べています。また，香港とマカオを結ぶフェリーも2023年1月8日から約3年ぶりに再び運航を始めました。中国本土，香港および台湾からマカオに入境する場合は，陰性証明の提示は必要なく，

以前のように，香港から日帰りでマカオの世界遺産やカジノを楽しむことができる
ようになりました。
　観光都市である香港がこの3年間，コロナ禍によって受けた打撃は計り知れない
ものでした。しかし，ようやく夜明けの光が見えようとしています。香港への出入
境が一日も早くコロナ禍以前に戻り，香港の「人々を引きつける不思議な磁力」を
いかんなく発揮できる日が再び来ることを願っています。

Ⅲ　対応策・提言

　関心のある世界の様々な価値観を学び，成長しようとする手段として「旅行」
を求める世界的な潮流は今後も変わらないと考えます。問題は上記のような，
突如として起こる世界情勢の変化に伴うリスクにどのように観光業界が対応す
べきかです。マクロ的には国際協定等が機能して，紛争や感染症などを短期間
かつ最小限に抑えることができればよいのでしょうが，やや他力本願です。観
光業界としてはこれまでのビザやチケット，宿泊の手配，あるいは企画旅行の
販売といった業務だけにとどまらず，観光リスクのマネジメントをする機能を
自ら持つべきでしょう。今までのような「手配師」的な業務は今後，ウェブサ
イトやアプリなどの進化によって，旅行客自身が行うようになっていくと考え
られるからです。

　最近の若い世代はSNSを駆使して外国の友人と交流することに抵抗感がな
くなっていますし，うまくチケットやホテル予約を取る方法に関する情報を入
手することにも秀でているでしょう。そういう状況の中で，観光業界としては
今，求められているサービス・価値を安全かつ適切に顧客に与えるにはどうし
たらよいか，といった視点でアドバイスやコンサルティング業務を提供するこ
とこそが重要になってくるのではないかと思います。例えば，リスクの高い地
域で様々な体験をしたいと考える顧客に対しては，オンライン添乗やAIを使
った事前の現地体験の研修を別途サービスとして提供することも考えられます。
仮想空間で顧客がアバターとして現地の人々と事前に連れ合っておく等のサー
ビスもありえると思います。こうしたことによって，顧客が事前に現地のこと

を相当程度知った上で現地へ行くことで，リスクをかなり低減でき，顧客の満足度と安全性，商品価値も上がっていくと思います。

おわりに

日本でも数週間の短期間のみならず年単位の留学やワーキングホリデーを経験して海外についての実体験を持っている人材が増えています。そのような人材を活用して，旅行業界は海外旅行のリスク対応をコンサルティングするサービスを拡大させていってはどうでしょうか。各国の専門知識を持った人員を充実させ，多様でニッチなニーズにも対応することができれば，顧客も様々なことを安心して相談でき，企業価値も上がり，旅行業界市場自体のパイも広がっていくのではないでしょうか。

参考文献

上田和勇［2021］『事例で学ぶリスクマネジメント入門—復元力を生み出すリスクマネジメント思考』同文舘出版。

『NNA』2022年1月7日「外貨両替の百年找換が閉店，コロナで需要減」https://www.nna.jp/news/2283665〔**〕

『NNA』2022年1月31日「旅行会社の星晨旅遊，清算手続きを開始」https://www.nna.jp/news/2292726〔**〕

『NNA』2022年2月17日「旅行代理店100社が事業停止＝商務経済局長」https://www.nna.jp/news/2299382〔**〕

『NNA』2022年6月6日「制限区域の沙頭角ふ頭，ツアーに開放」https://www.nna.jp/news/2345170〔**〕

『NNA』2022年6月9日「香港故宮博物館，7月2日に開館へ」https://www.nna.jp/news/2347029〔**〕

『NNA』2022年6月15日「名物「ジャンボ」香港を去る　半世紀の歴史に幕，域外に出発」https://www.nna.jp/news/2348999〔**〕

『NNA』2022年6月15日「老舗飲食店が続々閉店　コロナで観光客消え，宴会も激減」https://www.nna.jp/news/2377883〔**〕

『NNA』2022年10月31日「休業の康泰旅行社，債務超過で清算へ」https://www.nna.jp/news/2427959

『NNA』2022年12月14日「入境後3日間の行動制限廃止　記録不要に，ワクチンパスは継続」https://www.nna.jp/news/2451620〔**〕

『NNA』2022年12月16日「本土往来再開へ「兆し」続々　高速鉄道が運行準備，各種報道も」https://www.nna.jp/news/2453006〔**〕

『NNA』2022年12月29日「コロナ規制を全面撤廃，マスク義務除き」https://www.nna.jp/

news/2459515〔**〕

『NNA』2023年1月9日「香港とマカオ結ぶフェリー，8日に運航再開」https://www.nna.jp/
　　news/2462674〔**〕

『NNA』2023年1月9日「香港からマカオ入境，陰性証明が不要に」https://www.nna.jp/
　　news/2462653〔**〕

『NNA』2023年1月13日「高速鉄道が15日から運行再開　3年ぶり，広州東駅に新たに接続」
　　https://www.nna.jp/news/2464411〔**〕

小林慧［2021］「コラム　国家的インフラ開発プログラムにおけるプロジェクトの事例—中国華南地域
　　開発プログラムとインフラプロジェクト群」小林守『なんとかする力＝プロジェクトマネジメン
　　トを学ぶ』2021年，同文舘出版。

小林慧［2022］「トピックス　ビルの設計から経営・投資判断まで左右する？　香港の風水事情」上
　　田和勇，小林守，田畠真弓，池部亮編著『わかりあえる経営力＝異文化マネジメントを学ぶ』
　　2022年，同文舘出版。

CNN.co.jp「世界最長の海上橋「港珠澳大橋」〈2〉」2018年6月23日 https://www.cnn.co.jp/
　　world/35120650.html〔*〕

新華網日本語「珠江をまたぐ2本目の橋，南沙大橋が開通」2019年4月5日 http://jp.xinhuanet.
　　com/2019-04/05/c_137951543.htm〔*〕

中華人民共和国中央人民政府「中共中央　国務院印発《粤港澳大湾区発展規劃綱要》」2019年2月18日
　　http://www.gov.cn/zhengce/2019-02/18/content_5366593.htm#1〔*〕

波潟郁代［2021］「社会や消費のあり方を変えるZ世代（10代後半から20代前半）の影響力と旅のあり
　　方について」『JTB総合研究所』https://www.tourism.jp/tourism-database/column/2021/12/
　　generation-z/〔**〕

『日本経済新聞』2018年9月23日「香港・広州間の高速鉄道開通　中国職員が出入境審査」https://
　　www.nikkei.com/article/DGXMZO35685170T20C18A9FF8000/〔*〕

『日本経済新聞』2018年9月23日「香港の水上レストラン「ジャンボ」　南シナ海で転覆」https://
　　www.nikkei.com/article/DGXZQOCB223670S2A620C2000000/〔*〕

『日本経済新聞』2022年9月15日「成田空港，3ターミナル集約を構想　今秋から将来像検討」
　　https://www.nikkei.com/article/DGXZQOCC14BS80U2A910C2000000/〔**〕

『日本経済新聞』2022年12月13日「香港，入境後の行動制限撤廃　ゼロコロナさらに緩和」https://
　　www.nikkei.com/article/DGXZQOGM1339C0T11C22A2000000/〔**〕

『日本経済新聞』2022年12月13日「香港・中国本土，8日に往来再開　1日6万人受け入れ」https://
　　www.nikkei.com/article/DGXZQOGM059H10V00C23A1000000/〔**〕

『香港経済新聞』2020年8月31日「香港の15カ所目のボーダー「蓮塘／香園圍口岸」供用開始」
　　https://hongkong.keizai.biz/headline/1402/〔*〕

『香港経済新聞』2022年8月11日「親しまれた店が失われていく香港　老舗「蓮香楼」，今回は本当に
　　閉店か」https://hongkong.keizai.biz/headline/1902/〔**〕

香港政府「粤港澳大灣區・互聯互通・基礎建設」https://www.bayarea.gov.hk/tc/connectivity/key.
　　html〔*〕

香港旅遊發展「旅遊業概覽」https://www.discoverhongkong.com/tc/hktb/newsroom/fast-facts-
　　about-hong-kong-tourism.html〔**〕

*：2020年11月23日閲覧。
**：2023年1月14日閲覧。

第 5 部

グローバル・ビジネス・リスクマネジメント視点からのアジア貿易・投資

第 10 章

アジアのFTAの現状と
リスクマネジメント

■本章で学ぶこと■

　2000年代，アジアで自由貿易協定（FTA）のドミノ現象が発生しました。その中心は東南アジア諸国連合（ASEAN）です。ASEANを巡り東アジア域内でFTA締結競争が繰り広げられた結果，2010年までに5つのASEAN+1FTAが構築されたのです。

　ただし各々のASEAN+1FTAは別々の協定であり，様々な手続きや規則が乱立することによる「スパゲティボウル現象」が懸念されました。

　本章では，世界貿易機関（WTO）の多角的貿易交渉が機能不全に陥る中，ASEANや東アジア各国による貿易自由化の取り組みや，また懸念されるスパゲティボウル現象の解消や軽減の取り組みを，リスクマネジメント の観点を踏まえて学んでいきます。

■キーワード■

　自由貿易協定（FTA），経済連携協定（EPA），東南アジア諸国連合（ASEAN），ASEAN+1FTA，世界貿易機構（WTO），原産地規則（ROO），原産地証明書（CO），地域的な包括的経済連携（RCEP），スパゲティボウル現象，インド太平洋経済枠組み（IPEF）。

はじめに

　本章では，2000年代以降，アジアで進められてきたFTA構築の現状とその背景を概観するとともに，それを実務で活用する際に発生している問題点とそのリスクマネジメントについて考察します。

　関税と貿易に関する一般協定（GATT） の多角的貿易交渉**ウルグアイ・ラウンド**が妥結し，**世界貿易機関（WTO）** が設立されるなど，90年代後半，世界における自由貿易体制の基盤づくりが行われ，同体制は安泰かに見えました。しかし，途上国では農水産分野を中心に，ラウンド妥結による先進国市場の関税引き下げで得られるはずのメリットを実際には享受できない一方，WTO参加のため様々な義務を課され，強い不満と不信感が残りました。先進国と途上国間のしこりは，以降のWTO交渉の難航の引き鉄になりました。

　この状況に危機感を持った自由貿易を指向する国々は，自由貿易の理念を共有する国同士で相互の関税を引き下げる自由貿易協定（FTA）構築にシフトしていきました。「全体最適」を目指すWTOと異なり，FTAは二国間または複数国間での「部分最適」を指向するものです。FTAによる部分最適の乱立により，**原産地規則（ROO）** に代表される規則や関連手続が次々と誕生しました。これは「**スパゲティボウル現象**」[1]とも呼ばれますが，部分最適の乱立により，経済効率性の観点からは考えられない人為的な生産ネットワークが作られる懸念があります。

　FTAの最大の特徴は，特定国の原産品を対象に，関税を減免することです。その利用の有無が，特に関税障壁が高い国への市場参入や競争力を大きく左右します。その一方，各々のFTA利用には各協定に準じた手続きが求められますが，これら手続きの煩雑化は企業の管理コスト上昇と記載ミスを誘発する懸念があります。

　本章では，部分最適のFTAを，より広範囲の「地域最適」化に向けた現状

1　「スパゲティボウル現象」は，コロンビア大学のジャグディッシュ・バグワティが，1995年に出版したU.S.Trade Policy: The Infatuation with Free Trade Areasで用いたのが起源。WTOでは加盟国の産品であれば同じ関税率が適用されるが，FTAでは，関税が軽減・撤廃される品目を特定する原産地規則が不可欠であり，その規則の乱立が懸念される。

と課題，そして規則の見直しを通じた実務上の問題点の解決について，リスクマネジメントの観点を踏まえて考察します。

Ⅰ　現状・実態

1　FTA潮流の背景と経済効果

（1）世界のFTA構築と多角的貿易交渉の難航

　世界で最も古いFTAは，1956年に中東アフリカのボツワナ・マラウイ間で結ばれました。FTAを締結する場合，WTOはその締結国に対し通報を求めています。WTOに通報されたFTAについて，発効件数は400件近くに上ります（2022年6月末時点：378件）。

　WTOは，FTAと**関税同盟（CU）**を総称して**地域貿易協定（RTA）**と呼んでいます。FTAは，関税およびその他の制限的な通商規則を実質上の全ての貿易について取り除くことにより，一定地域内の貿易自由化を目指すものです。幅広い経済関係の強化を目指して，貿易や投資の自由化・円滑化を進めるため日本が締結してきた**経済連携協定（EPA）**もFTAの一種です。一方，CUはFTA同様，域内の関税およびその他の制限的な通商規則を実質上の全ての貿易について撤廃すると同時に，各締約国が域外から輸入する産品に対する関税およびその他の通商規則を実質的に共通化するものです。本章ではCUも合わせてFTAと呼称します[2]。

　WTOが最も重視するルールとしてGATT第1条に，いずれかの国に与える最も有利な待遇を，他の全ての加盟国に対して与えなければならないという「**最恵国待遇（MFN）原則**」があります。前述の通り，FTAは締結国かどうかで関税などで異なる待遇をとっており，一見するとMFN原則違反に映ります。しかしWTOは，FTA構築の目的が高度な自由化の推進であれば，世界貿易の自由化につながるとして，MFN原則の例外扱いとして締結を認めています。

　物品貿易の場合，MFN原則の例外とされる条件はGATT第24条で規定されています。その条件は「実質的に全ての貿易」で自由化すること，そして，自

---

[2] RTAは締結国によってFTA，CU，EPA等様々に呼称されるが，本章では特定の協定の名称を用いる場合を除き，総称して「FTA」とする。

由化は「10年以内に行うこと」です。ただし開発途上国の場合，**授権条項**[3]によってこれら条件の例外と解釈されます。「実質的に全ての貿易」について，WTO上では明確な基準は設定されていませんが，少なくとも貿易の9割（貿易量または品目数）と解釈するのが一般的です。

1950年代以降，世界のFTA締結状況を10年ごとに見ると，締結件数が増加傾向を見せたのは90年代です。欧州では1992年に欧州連合（EU）が誕生しました。また，アメリカ大陸ではアメリカ，カナダ，メキシコ3か国による北米自由貿易協定（NAFTA）が1992年に署名されました。これら欧米での動きに刺激される形で**東南アジア諸国連合（ASEAN）**も，独自に「**ASEAN自由貿易地域（AFTA）**」の創設に動くなど，90年代は地域ごとに経済圏を作る動きが見られました（**図表10-1**）。

図表10-1　世界の地域・年代別FTA発効件数

	アジア大洋州	米州	欧州	中東・アフリカ	ロシア・CIS	地域横断	合　計	（参考）日本
1960以前			1	1			2	
1960年代	0	1	1	1	0	0	3	0
1970年代	2	1	1	0	0	3	7	0
1980年代	2	3	0	1	0	2	8	0
1990年代	4	6	8	10	22	7	57	0
2000年代	29	14	9	10	5	55	122	11
2010年代	22	18	10	2	2	65	119	6
2020年代	4	2	10	0	0	42	58	3
年代不明				2			2	
合　計	63	45	40	27	29	174	378	20

注：2022年6月末時点。
出典：世界のFTAデータベース（ジェトロ）をもとに筆者作成。

FTA構築が加速度的に増えたのは2000年代以降です。特にアジア太平洋でFTAが急増した背景には，WTOによる多角的貿易交渉の難航が挙げられます。

日本をはじめ多くのアジア大洋州各国は，それまでWTOとの整合性や保護主義への転化のリスクを考慮し，FTAなど地域統合の動きとは一線を画して

---

3 東京ラウンド交渉において1979年に採択された「異なるかつ一層有利な待遇並びに相互主義及び開発途上国のより十分な参加」における締約国団決定を指す。

きました。しかし，FTA締結国に比べ，輸出指向型投資の誘致とそれら企業による輸出を経済成長のエンジンに据えている国が多いアジア各国は，FTAがないことによる相対的な価格競争力の低下とそれに伴う輸出機会の喪失などを懸念したことが，2000年代以降のFTA増加の背景です。

（2）FTAの経済効果とそのメリット

　世界でFTA構築ブームが起こった背景には，FTAによる様々な経済効果への期待があります。FTAの効果は，概して静学的効果と動学的効果に分けられます。静学的効果は，**貿易創出効果**や**貿易転換効果**など経済厚生の変化が代表的な例です。貿易創出効果とは，関税削減・撤廃を通じた価格低下によって，新たな需要が創出されることによりFTA締結国間の貿易が拡大する効果を指します。貿易転換効果は，関税削減・撤廃が締結国同士に限定されるため，締結国外からの輸入が締結国からの輸入に転換される効果を指します。

　一方，動学的効果は，生産性上昇や資本蓄積等を通じて経済成長に影響を与える効果を指し，市場の拡大による規模の経済の実現，研究開発投資や技術の伝播効果を媒介とした技術進歩，締結相手国の政策や規制に関する不確実性の減少などが挙げられます。

　実際の貿易取引において，企業はFTAの関税削減・撤廃を通じた価格低下に最も注目しています。FTAのインパクトは，輸入国の関税水準によって大きく異なります。通常の輸入で適用されるMFN関税とFTA特恵関税の差，いわゆる特恵マージンが大きいほど，FTA未使用による機会損失リスク，利益減少リスクを被ることになります。

　東アジア各国の単純平均MFN税率で，所得の高い国は概して関税水準が低い傾向にあります。日本やシンガポール，ブルネイは５％を下回っています。他のASEAN諸国では全て５％を上回り，特にタイとカンボジアは２桁台です。また国内産業の保護圧力が強い韓国，インドも関税水準が高く，インドでは平均で２割近い関税が課されます。所得が高い一部の国を除き，東アジア各国への輸出に際しては，FTA利用が不可欠です（**図表10-2**）。

　輸入国側で関税は大きく３つの機能を持っています。国家の財源機能，国内産業保護機能，貿易歪曲効果是正機能（制裁機能）です。中でも関税の財源機

能については，GATTの多角的貿易交渉を通じて関税水準が年々低下する中，一部の途上国[4]は依然として関税収入は重要な財源と見做していますが，先進国のみならずインドネシア，タイ，マレーシアなど中進国でも，既に歳入全体の数％を占めるに過ぎないなど，その役割は低下しています。

　関税水準の低下は国内産業保護機能の低下を意味しますが，FTA協定内に**セーフガード（緊急輸入制限）**規定を設けることで一定の担保が可能になります。逆にこの規程により，より深い自由化約束交渉を可能にする側面もあります。

図表10-2　東アジア各国の単純平均MFN関税率（2021年）

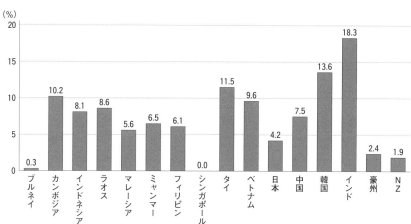

出典：World Tariff Profile 2022（WTO）

　一部の企業からは「FTAによる関税削減分程度であれば，為替変動次第で吹き飛んでしまう」との声も聞かれます。しかし，実際のインパクトは，わずか数％の関税削減であっても企業業績を左右するほどの効果があり，無視することはできません。企業はFTAのコスト削減効果を十二分に理解し，使い漏れがないようにする必要があります。

---

4 世界銀行によれば，ASEANにおいてフィリピンは歳入の21.5%（2020年）が関税からの収入で，カンボジア（同11.5%）がこれに次ぐ。

2 アジアにおけるFTA構築状況

（1）日本のFTAの現状

　日本のFTAは，2002年11月にシンガポールとの間で発効したことに始まり，以降，アジアを中心に構築を進めてきました。2018年12月には**環太平洋パートナーシップに関する包括的及び先進的な協定（CPTPP）**，2022年1月には**地域的な包括的経済連携協定（RCEP）**など，メガFTAと呼ばれる複数国間協定を締結しました。その結果，日本の発効FTA数は2022年末時点で計20本[5]に上ります。

　日本の貿易額に占めるFTA締結相手国のシェア，いわゆるFTAカバー率を見ることで，関税削減・撤廃によるコスト削減・競争力向上がどの程度期待できるかがわかります。日本は2013年に策定した「日本再興戦略―JAPAN is BACK―」[6]の国際展開戦略で「貿易のFTA比率を現在の19%から，2018年までに70%に高める」ことを目標に掲げました。2010年代後半以降，アメリカでのトランプ政権の誕生やイギリスのEU離脱等，世界的に保護主義の潮流が強まる中においても，日本は自由貿易の重要性を説き，CPTPP，EU，アメリカ，RCEPなど次々と大型のFTAを締結・発効させました。その結果，FTAカバー率は日本再興戦略での目標を大きく上回っています（2021年：79.2%）。

　当該国の総品目数（タリフライン）のうち，FTAで関税が撤廃されている品目の割合を「自由化率」と呼び，FTAの水準を表す指標の一つになっています。日本の総品目数は世界共通の国際貿易品目の分類番号であるHSコード9桁で9,582品目（鉱工業品7716品目，農水産品1,866品目）ですが，WTO加盟国に対して53.1%（鉱工業品55.9%，農水産品35.8%）の品目で関税を撤廃しています[7]。さらに日本はFTAによって関税撤廃品目数を上乗せしています。これまで日本が締結・発効させたFTAの中で，最も自由化率が高いのが，例外なき関税撤廃を目指して交渉したCPTPPで95.1%です。

（2）ASEANをハブとするアジアのFTA網

　2000年代，アジアのFTA網構築の主役はASEANでした。ASEANは中国

---

5 アメリカが離脱した環太平洋パートナーシップ協定（TPP）は除く。
6 https://www.kantei.go.jp/jp/singi/keizaisaisei/pdf/saikou_jpn.pdf
7 World Tariff Profiles 2022（WTO）

（2005年発効）を手始めに，韓国（同2007年），日本（同2008年），インド（同2010年），オーストラリア・ニュージーランド（同2010年）などとFTAを締結していきました。これらは**ASEAN+1FTA**と呼ばれます。そして2022年にはASEAN+1FTAを締結した国々からインドを除く15か国によるRCEPが発効，FTAは重層化しました。なお，ASEAN中国FTA（ACFTA）に参加出来なかった香港は，2019年に別にASEANとのFTAを締結しています。

　2000年代，中国はFTAを通じて市場を開くとしてASEANに接近しましたが，この動きは東アジアにおいて「FTAドミノ」を誘発しました。いわゆる貿易転換効果に対する危機感から，東アジア各国をFTA構築競争に駆り立てたのです。これらASEAN+1FTAは今やそのほとんどで**ステージング**（関税削減期間）が終了し，大半の品目で既に関税が撤廃されています。

　一方，ASEANは香港，インドを除くASEAN+1FTAを束ねた広域FTAのRCEPも，各々2019年，2022年に発効しました。ただしRCEPは，ステージング期間が長く，関税撤廃は2040年代前半から半ばになります（**図表10-3**）。

図表10-3　ASEANが締結しているFTAの交渉開始，発効と関税削減完了年

FTA		交渉開始	発効年	関税削減完了			
	国名			対話国側	ASEAN側		備考
					先発加盟国	後発加盟国	
AFTA	ASEAN域内	1992年	1993年	-	2010年	2015年（18年）	
ACFTA	中国	2002年	2005年	2012年	2012年	2018年	
AKFTA	韓国	2005年	2007年	2010年	2012年	2020年	越のみ18年
AJCEP	日本	2005年	2008年	2018年	2018年	2026年	越のみ24年
AIFTA	インド	2004年	2010年	2016年末	2017年	2022年	比のみ19年末
AANZFTA	豪州・NZ	2005年	2010年	2020年	2020年	2025年	越のみ22年
AHKFTA	香港	2014年	2019年	即時撤廃	2028年	2036年	越のみ27年
RCEP	日中韓豪NZ	2013年	2022年	2042～43年	2042～47年	2042～47年	中韓間を除く

出典：各種協定書をもとに筆者作成。

II　分析・評価

1　日本企業の海外展開と第三国間FTA

（1）日本企業の海外展開

　これまでの日本企業の海外展開は，円高ドル安への対応の側面が強かったといえます。特に1985年9月のプラザ合意により円高が昂進，10年後の1995年には当時過去最高値となる79円75銭を記録しました。日本国内で主に生産・輸出を行っていた企業は，汎用品を中心に価格競争力喪失への対応を迫られました。その解の一つが，労働コストが安価なASEANでの製造・輸出拠点の設置でした。ASEANは円高に悩まされた日本企業の投資の受け皿になり，今や日本企業の第三国向け輸出拠点の役割を担うまでになりました。

　日本企業が海外展開を進める様子は，海外生産比率の上昇に表れています。プラザ合意があった1985年度時点で日本企業の製造業全体における海外生産比率はわずか2.9％に過ぎませんでした。以降，円高傾向が続いたことにより，海外生産比率も右肩上がりで上昇，2015年度では過去最高の25.3％を記録，以

図表10-4　日本企業の海外生産比率推移（製造業）

注：2001年度に業種分類の見直しを行ったため，2000年度以前の数値とは断層が生じている。
出典：海外事業活動基本調査（経済産業省）各年版。

降は同程度の水準で推移しています（**図表10-4**）。

　日本企業が長年にわたり継続的に海外に投下した資本が，今度は投資収益として日本に還流，日本経済に寄与するまでになっています。エネルギー資源や鉱物資源が乏しい日本は「加工貿易立国」として長年，経常収支黒字を貿易で稼いできました。しかし，今や日本は経常収支黒字の大半を投資で稼ぐ「投資立国」に変貌しています。近年，日本の経常収支黒字に最も寄与しているのは直接投資や証券投資など投資収益を含む第一次所得収支です[8]。中でも日本企業の海外事業運営からの収益「直接投資収益」が寄与しています。これまでの日本の投資による投下資本が，直接投資収益として日本に還流するなど，海外拠点の戦略的重要性が高まっています。

（2）日系海外法人とFTA

　日本企業の海外生産拠点の大半はアジア，中でも中国とASEANを中心としたRCEP締約国に集中しています。日本企業の海外進出現地法人企業（2万5,693社）のうちRCEP締約国に拠点を置く企業は6割弱（1万5,022社）を占めています。製造業に注目すると，その比率は約7割に達しています（全世界1万1,199社，RCEPは7,800社）[9]。

　前述の通り，海外事業での収益性の向上は，日本経済にとっても重要です。収益性向上の有力なツールが，進出先国が独自に構築しているFTA網です。例えば，東アジア域内では広範囲かつ重層的にFTA網が張り巡らされている一方で，アメリカやEUとはFTAがない国も多く，進出先国によって使えるFTAが異なるのが特徴です（**図表10-5**）。

　また東アジア域内では，FTAが重層的に構築されていることから，FTAごとでメリット・デメリットを検討し，自らにとって最善のFTAを選択する必要があります。例えば，ベトナムの日系子会社が日本の親会社に完成品を輸出する場合，子会社は，日ベトナムEPA（JVEPA），日ASEAN包括的経済連携協定（AJCEP），CPTPP，RCEPの4つの中から使うFTAを選ぶことになり

8 2022年（速報値）の経常収支黒字額11兆4,432億円のうち，最も寄与したのは第一次所得収支である（35兆3,087億円）。同年の貿易収支は赤字であった（15兆7,808億円）。
9 経済産業省［2022］。

図表10-5　アジア大洋州を中心としたのFTAの締結状況

		RCEP 締約国						非締約国			
		ASEAN	日本	中国	韓国	豪州	NZ	インド	米国	EU	英国
RCEP締約国	ASEAN	●	●	●	●	●	●	○	-	-	-
	日本	●		○	●	●	●	○	●	●	●
	中国	●	○		●	●	●	*	-	-	-
	韓国	●	○	●		●	●	*	○	○	○
	豪州	●	●	●	●		●	-	○	-	-
	NZ	●	●	●	●	●		-	-	-	-
非締約国	インド	○	○	*	*	-	-		-	-	-
	米国	-	○	-	○	○	-	-		-	-
	EU	-	○	-	○	-	-	-	-		○
	英国	-	○	-	○	-	-	-	-	○	

注：●：FTAを2本以上締結，○：FTAあり，－：FTAなし，＊：特恵貿易協定あり
出典：世界のFTAデータベース（ジェトロ）をもとに筆者作成。

ます。これらは別々の協定であり，規則や利用条件も異なる場合も少なくありません。FTA網が複雑化すれば，後述する「スパゲティボウル現象」が懸念されます。

2　アジアのFTAの問題点

（1）利用の伸び悩みとその原因

　長年にわたりWTO多角的貿易交渉が停滞する中，企業の輸出競争力向上は立地国のFTAの有無，その水準に大きく左右されます。FTAによる関税減免のための**原産地証明書（CO）**取得手続を行うのは輸出者です。輸出者はFTA利用の様々な条件や規則を理解し，それらを遵守できる体制整備が不可欠です。一方，関税減免の恩恵を直接的に享受するのは輸入者です。そのため一般的に輸出者には輸入者ほどFTA利用のインセンティブは働きません。手続コストに見合うメリットがない場合，輸出者は利用自体を忌避する場合もあります。

　日本において輸出でFTA利用を開始するきっかけは，輸出先の取引先（輸入者）からの要請が約7割（68.2%）を占め，親会社・国内主要取引先からの

要請は約1割強に過ぎません[10]。そのため，輸入者側が制度を理解した上で輸出者にFTA利用を働きかけ，それに際し，輸入者がFTA利用で浮いた関税コストの一部を，実際に手続きを行った輸出者に還元することが必要でしょう。

　輸出において，日本では5割弱，ASEAN法人で5割強程度が，それぞれ1か国・地域以上でFTAを利用しています[11]。概して2社に1社がFTAを利用しています。ただし企業によっては，進出先国の投資恩典の一環で，生産設備や輸出品に投入される原材料・中間財などの場合，輸入関税が減免されることもあります。その場合，企業によってはFTAよりも，使い慣れた投資恩典を利用する場合もあります。FTAと投資恩典の使い分けも，特に中小企業にとってハードルは高いようです。

　日本の中小企業の利用について，主にコスト面で問題になっているのは，（FTA利用手続に従事する社員の）人件費，CO作成に必要な取引情報の確認コスト，FTA利用手続に必要な情報（関税率，ROO等）収集コスト，等です。また「輸出額が少ない」というのもメリットが少ない理由です。一方，調査自体が異なりますが，ASEAN側でFTAを利用できない原因の上位は，「制度や手続きを知らない」，「適用される品目かどうかわからない」，「輸出入の量や金額が小さい」，が挙げられています。

　日本が最初にシンガポールとのFTAを発効させて20年以上，AFTA発効から30年以上が経過しましたが，中小企業を中心にFTA利用に際して依然として問題を抱え，躓いている企業は少なくありません。また協定ごとに異なるROO等の存在が利用面でのハードルをさらに上げています。

（2）乱立するFTAで発生する問題

　2000年代中盤以降，東アジアではASEANを中心にFTA網が広範囲に，かつ重層的に張り巡らされました。前述の通り，例えばベトナムと日本との間では4本のFTAが存在し，これらは利用規則や条件，適用される関税率まで協定ごとに異なる場合があります。FTAによって手続きや規則が複雑化するこ

10　ジェトロ［2021b］。
11　ジェトロ調査によれば，日本で48.6%（2020年10月調査）。一方，ASEANでは54.0%（2021年8〜9月）。前者はジェトロ［2021b］，後者はジェトロ［2021a］。

とで発生する「スパゲティボウル現象」の問題は以前より指摘されていました。本来，WTOの下での自由化であれば，ROOなどにより輸出国を特定しなくても，無条件で世界のどこからの輸入であっても同率の関税が適用されますが，WTOによる多角的貿易交渉は膠着状態に陥り，打開の目途は立っていません。

　FTAの種類によってROOが異なることから，同一品目であっても仕向け先によっては「ASEAN原産」と見做されない場合もあります。利用企業は，協定ごとの条件が異なることから，経済効率の面からは考えられない煩雑な調達・生産体制を構築する懸念があります。また各々の協定に合致した書類の保存・管理が求められ，その管理や手続コストは利用企業にとって重荷になっています（図表10-6）。

　在ASEANの日系産業界は，ASEAN+1FTAの利用上の問題点として，①各々のROOが異なっていること（ある特定のASEAN+1FTAで原産性が認められても，他の+1FTAで認められるとは限らない），②（企業の調達・供給ネットワークが東アジア大に広がろうとしている中）ASEAN＋1FTAは各々別々な協定であり有機的な連携による取引が難しいこと，を指摘していま

図表10-6　ASEANのFTA別原産地規則概要

FTA	対話国名	完全生産品 WO	一般規則 CTC	一般規則 RVC	総品目数に占める割合	品目別規則（PSRs） WO	品目別規則（PSRs） CTC	品目別規則（PSRs） RVC	品目別規則（PSRs） 加工工程
AFTA	域内	○	CTH	≥ 40%	53.3%	○	○	≥ 40%	○
AJCEP	日本	○	CTH	≥ 40%	57.9%	○	○	≥ 40%	○
AANZFTA	豪NZ	○	—			○	○	≥ 40%	
AKFTA	韓国	○	CTH	≥ 40%	76.4%	○	○	≥ 40-60%	
ACFTA	中国	○	CTH	≥ 40%	37.3%	○	○	≥ 40%	○
AIFTA	インド	○	CTSH & ≥ 35%		100%	※注3			
RCEP	日中韓豪NZ	—	—			○	○	≥ 40%	○

注1：RVCは地域累積付加価値基準，CTCは関税分類変更基準（CTHは4桁，CTSHは6桁変更）を指す。
注2：AFTAで一般規則の総品目数に占める割合は，Medalla [2011]。
注3：AIFTA協定にはPSRがある旨記載はあるものの，PSR対象のAnnex Bは空白。
出典：タイ商務省外国貿易局資料，ASEAN事務局資料，各種協定書をもとに筆者作成。

す[12]。後者については，例えば日本でしか製造できない高機能部品を調達し
ASEANで組み付けを行いインドに輸出する場合，日本製高機能部品の付加価
値が大きい，もしくは日本製調達部品とインド向け完成品とで十分加工したと
見做されない等の理由で，ASEANインドFTA上の「原産品」と見做されず，
インド側で特恵関税が適用されないなどの問題もあります[13]。

　また，協定自体が別々であり，CO上での記載要件等も異なるため，その煩
雑さがさらにFTA利用に二の足を踏ませています。FTAごとに，CO書式の
みならず，各々のFTAに準じた記載が求められることは，企業のミスを誘発
する原因にもなっています。記載要件を誤った場合，FTA特恵関税適用が拒
否されることもあり，FTA利用上のリスクになっています。

Ⅲ 対応策・提言

1 スパゲティボウル現象の解消に資するRCEP

　ASEANは域内のみならず，東アジアの主要国との間で各々FTAを締結，
発効させてきました。複数の国々向けに輸出をする企業にとっては，各々が別々
の協定であることから，使い勝手が悪いものになっています。

　実際に主要工業製品のAFTAおよびASEAN+1FTAのROOを見ると，
FTAごとに規則が異なることがわかります（**図表10-7**）。そのため，当該品目
をASEANで生産し，AFTAまたはASEAN+1FTAを用いて締約国に輸出す
る場合，原材料・中間財の調達を可能な限り現地化した上で，国内調達が難し
いものは，これらFTAの規則を満たすような最大公約数のサプライチェーン
および生産工程を構築する必要がありました。しかしRCEPにより，締約15か
国に輸出する場合，同一書式・統一ROOが利用できるようになりました。

　スパゲティボウル現象が懸念される中，RCEPは東アジア全体で統一ルール
が適用できる画期的な協定です。統一ROOでは，国内調達はもちろんのこと，
RCEP協定の「**累積**」規定を活用することで，RCEP協定でつながった他の締

12　在ASEAN日本人商工会議所連合会（FJCCIA）。

13　本来，これらの問題はRCEPにより解決が期待されていたが，インドがRCEPを離脱したことにより，
　依然としてこの問題は残されている。

図表10-7　主要工業製品のRCEPおよびASEAN＋1FTA原産地規則

	RCEP	AFTA	ASEAN+1FTA				
			AJCEP	AANZFTA	ACFTA	AIFTA	AKFTA
一般規則	－	CTC4桁 or RVC40%	CTC4桁 or RVC40%	－	CTC4桁 or RVC40%	CTC6桁 & RVC35%	CTC4桁 or RVC40%
自動車 (HS8703)	RVC40%	RVC40%	RVC40%	RVC40%	CTC4桁 or RVC40%	CTC6桁 & RVC35%	RVC45%
車両用エンジン (HS840731-33,840820)	CTC4桁 (一部2桁) or RVC40%	RVC40%	RVC40%	CTC4桁 or RVC40%	一般規則		一般規則
タイヤ (HS401110)	CTC4桁 or RVC40%	一般規則	一般規則	CTC4桁 or RVC40%	一般規則		CTC4桁 & RVC55%
エアコン (HS8415)	CTC4／6桁 or RVC40%	CTC6桁 or RVC40%	一般規則 (乗用車用はRVC40%のみ)	CTC6桁 or RVC40%	CTC4桁／6桁 or RVC40%		RVC45% (HS841510のみ)
カラーテレビ (HS852872)	CTC4桁 or RVC40%	CTC6桁 or RVC40%	RVC40%	RVC40% or CTC4桁 or RVC35% & CTC6桁	一般規則		CTC6桁 or RVC40%
鉄鋼 (HS720810)	CTC4桁 (除半製品 からの変更) or RVC40%	RVC40%	RVC40%	CTC2桁 or RVC40%	一般規則		一般規則

注：RVC：地域累積付加価値基準，CTC：関税分類変更
出典：各協定書より筆者作成。

約国の原産材料を自国原産の材料と見做すことができるため，締約国内でサプライチェーンが構築しやすくなるのがメリットです。

　RCEPに拠点を持つ日系企業の調達先を見ると，9割台半ばがRCEP域内取引です（**図表10-8**）。また輸出先でも概して総輸出の約8割がRCEP域内輸出であることから，輸出および調達において，相当程度RCEP域内で完結していることがわかります。そのためRCEPはこれら日系企業の東アジア域内でのサプライチェーンの効率化とコスト削減のみならず，スパゲティボウル現象の解消に寄与出来る画期的な協定です。

図表10-8　在RCEP日系企業の域内輸出・調達比率（2022年）

日系企業所在国	ASEAN	カンボジア	インドネシア	ラオス	マレーシア	ミャンマー	フィリピン	シンガポール	タイ	ベトナム	オーストラリア	ニュージーランド	中国	韓国	RCEP
RCEP域内輸出比率	81.9	93.2	79.0	84.6	83.3	84.3	84.8	77.8	79.5	85.6	84.3	96.7	76.3	74.9	80.8
RCEP域内調達比率	94.2	97.9	95.9	97.5	90.2	93.6	91.9	92.0	95.7	93.9	94.5	95.9	97.1	97.2	95.0
現地調達	41.0	6.0	47.2	0.6	32.8	15.3	32.6	22.1	57.3	37.3	48.2	91.0	68.4	30.5	48.6

出典：在アジア・オセアニア日系企業活動実態調査（2022年／ジェトロ）。

　しかし問題は，RCEPは2022年に発効したばかりで，企業の実務での利用は相当先になることです。通常，FTAは10年以内に関税削減・撤廃を完了させますが，RCEPの場合，最大で20〜25年を要します。そのため発効からしばらくの間は，多くの品目で低関税もしくは無税での輸出は見込めません。そのため企業は，関税減免幅がわずかであることを承知で，統一ROOを採用するRCEPを使うか，従来通りASEAN+1FTAを使うか，選択を迫られます。その結果，多くの企業が既存のFTA利用を選択しています。

　企業のRCEPへのシフトは相当先になることから，まずは既存のASEAN+1FTA協定の見直しと改善による問題解消が不可欠でしょう。ASEANおよび対話国は，ASEAN+1FTA発効から10年以上が経過したことを機に，本格的な見直し作業に取り組む意向を示しています。その中で例えばROOのみならず他の制度についても，RCEPに収斂させていくことで，スパゲティボウル現象の軽減・回避，利便性の向上が可能になります。

　例えば，RCEPの原産地証明制度では，従来からの①**第三者証明制度**，に加えて，②認定輸出者による**自己証明制度**，③輸出者・生産者による**自己申告制度**，④輸入者による自己申告制度，が導入されており，企業がどの手続きを選ぶかは，原則的に自由に選ぶことができます[14]。これら制度をASEAN＋1FTA

14　ただし，「③輸出者，生産者による自己申告制度」は日本，オーストラリアおよびニュージーランドのみ発効当初から導入されたが，その他の国は発効から10〜20年以内に導入することが約束されている。また「④輸入者による自己申告制度」は，日本のみ発効時から導入しているものの，その他の国は全署名国について発効後5年以内に見直しが予定されている。

に移植できれば，よりFTA利用の拡大に資するでしょう。

2 産業界に積極的関与を求め課題を解決するASEAN

　ASEANはこれまでも東アジアで自らの中心性の維持・向上に注力すべく，企業の取引を阻害しない最も自由度の高い地域であることを常に追求してきました。ASEANは産業界に積極的関与を求め，内外の産業界との対話を通じて，その要望や課題を吸い上げ，自らの制度改善につなげてきました。このことは，ASEAN自体への信頼感向上につながっています。

　例えば，在ASEAN日系産業界は2008年に**ASEAN日本人商工会議所連合会（FJCCIA）**を立ち上げ，ASEAN事務総長との間で毎年，経済共同体に資する対話を行っています。この対話はASEANの事業環境改善に向けた提言や要請を直接伝えるのみならず，FJCCIAはASEAN市民として日本とは関係のないASEAN+1FTAにまで踏み込んで改善を働きかけています。実際にFJCCIAによる提言が改善につながった事例も少なくありません。またASEANで見直されたこれら措置は，他のASEAN+1FTAにも移管，広がっています。

おわりに

　本章では，WTOが機能不全に陥る中，2000年代以降，アジアで二国間または複数国間での「部分最適」を指向するFTAが次々と立ち上がり，ROOに代表される規則や関連手続も乱立，煩雑化したことを見てきました。これら問題に対処すべく，より広範囲かつ高水準の次世代の通商・投資ルール構築を目指し，メガFTAを構築してきました。それがCPTPPやRCEPです。

　しかしそれら問題はRCEPの登場によってすぐに解決されるわけではありません。RCEPのステージングは20〜25年の長期にわたるためです。その間，ASEANは産業界の関与を得ながら，既存のFTAをアップグレードすることで，問題の解消を図ろうとしています。

　その中で近年，国際経済秩序が大きく変化しています。2010年代後半には，FTAによる自由貿易は所得格差を拡大させるといった不安・不満の声が高まるなど，自由貿易の潮流に変化が出てきました。一部には「貿易協定疲れ」も

見られます。

　また米中対立を契機に，2020年代以降，中国排除を念頭に，アメリカは重要技術のサプライチェーンを強靱化すべく，「**インド太平洋経済枠組み（IPEF）**」[15]構築に踏み出しました。欧州は産業の戦略的自律，中国は双循環を重視するなど，経済安全保障等による世界的分断が広まりつつあります。企業は既存のFTAを利用しながら，サプライチェーンの効率化に磨きをかけると同時に，世界の多極化を前提に，より経済安全保障の観点から，サプライチェーンの見直しが求められる可能性があります。アジアには，FTAによる効率化一辺倒ではなく，経済安全保障の観点からのリスクマネジメントが問われる難しい時代を迎えつつあります。

コラム

タイ大洪水

　自由貿易の下で構築されていたサプライチェーンの分断リスクが顕在化したのは2011年です。同年は，3月に日本で東日本大震災が，10月にタイ大洪水が発生しました。タイ大洪水では，7つの工業団地が直接的な被害を受けました。その企業数は約800社，うち日系企業は450社に上りました。工業団地外に立地する企業も含めると洪水被害を受けた日系企業数は全体で少なくとも550社超と見られます。

　タイ政府はこの大洪水を踏まえ，①工業団地の洪水対策費の補助，②総額3,500億バーツの水資源管理予算（貯水池，放水路，水路改良等）の策定，③水資源管理に関する指揮命令系統の整理，を行ったものの，政治混乱のあおりを受け，抜本的な対策は行われないまま現在に至っています。

　2011年以降も，工業団地を含む地方部では，内水氾濫も含めて，毎年のように洪水が発生しており，洪水リスク地域で操業している企業は，独自の事業継続計画（BCP）の策定や，代替生産が可能な体制の構築に取り組んでいます。2011年は自然災害によるサプライチェーン寸断リスクが顕在化し，企業の意識が変わる大きな転機となりました。

15　2021年10月，アメリカのバイデン大統領が東アジアサミットおよびAPEC首脳会合において発表した構想。22年5月には同枠組みの立ち上げを宣言，14か国が参加し，4分野，具体的には①貿易，②サプライチェーン，③クリーン経済，④公正な経済で交渉を行っている。

コラム

東ティモールのASEAN加盟問題

　22年11月のASEAN首脳会議で，東ティモールのASEAN加盟が原則合意されました。同国の加盟が実現すれば，99年のカンボジア以来ほぼ四半世紀ぶりです。東ティモールが加盟を申請したのは2011年で，既に10年以上が経過しています。

　ここまで加盟に時間を要している背景には，シンガポールの強い反対があります。ラオスよりも経済規模や人口も少なく，海外援助に依存している同国をASEANが抱え込むのは，自らの首を絞めかねないと警戒しています。また過去には，新規加盟国の一部が南シナ海問題等で中国の代理人としてASEAN関連会議で活動したり，ASEANの内政不干渉原則を利用し，人権侵害や軍事クーデターなど民主主義に逆行する行為もありました。その度ごとにASEANは機能不全に陥り，国際社会からASEAN懐疑論が噴出しました。新規加盟国は，概してASEANの「お荷物」になっていました。

　東ティモールのジョゼ・ラモス＝ホルタ大統領は，「ASEANの門をくぐるよりも，天国への道の方が簡単なように思える」とまで述べています。ただしASEANにおいて，東ティモールは民主主義陣営の貴重な援軍です。EIU（イギリスの経済誌『エコノミスト』の調査部門）によれば，東ティモールは東南アジアにおいてマレーシアに次ぐ2番目の民主主義国家と評価されています。日本はアジアの民主主義国家を代表し，同国の正式加盟に向けた取り組みを支え，インド太平洋戦略におけるASEANの機能強化に貢献すべきでしょう。

参考文献

経済産業省［2022］『第51回海外事業活動基本調査』。

小寺彰［2006］「FTAの『スパゲティボール現象』とは？」経済産業研究所。（https://www.rieti.go.jp/jp/columns/a01_0193.html）

助川成也［2022］「RCEPの物品貿易規定と日本企業の活動」石川幸一・清水一史・助川成也編著［2022］『RCEPと東アジア』文眞堂。

助川成也［2017］「ASEANのFTA：その問題点」馬田啓一・石川幸一・清水一史編［2017］『検証・アジア経済：現状と課題』文眞堂。

助川成也［2016］「日本企業はFTAをどう活用すべきか」助川成也・高橋俊樹編著［2016］『日本企業のアジアFTA活用戦略―TPP時代のFTA活用に向けた指針』文眞堂。

助川成也［2015］「東アジアのFTAと生産ネットワーク」朽木昭文・馬田啓一・石川幸一編著［2015］『アジアの開発と地域統合―新しい国際協力を求めて』日本評論社。

日本貿易振興機構（ジェトロ）［2021a］『海外進出日系企業実態調査アジア・オセアニア編』。

日本貿易振興機構（ジェトロ）［2021b］『輸出に関するFTAアンケート調査』。

深沢淳一・助川成也［2014］『ASEAN大市場統合と日本』文眞堂。

Medalla, Erlinda M.［2011］Taking Stock of the ROOs in the ASEAN+1 FTAs: Toward Deepening East Asian Integration, Philippine Institute for Development Studies.

WTO［2022］World Tariff Profile.

第 **11** 章

アジアの直接投資と海外拠点 問題とリスクマネジメント

■本章で学ぶこと■

　中国，インド，ベトナム等のいわゆる「新興国」が大きく経済成長し，世界中の企業がその大きな市場に参入するために進出し，拠点を設けるようになっています。このようなグローバル化が企業の重要課題として立ち上がってきた今，グローバル経営の主テーマは本国の本社とそれら海外拠点の関係の問題です。本章ではこれに関わる「本社と海外子会社間の取引の問題」，「市場経済化政策と工程間分業の問題」，「海外拠点の人的問題」という3つの重要な問題を取り上げ，学んでいくこととします。

■キーワード■

　自由貿易協定（FTA），経済連携協定（EPA），世界貿易機関（WTO），直接投資，グループ内取引，グループ内融資，工程間分業，工業団地，企業のリスクアセスメント

はじめに

　中国，ベトナムなどの社会主義国，あるいは議会制民主主義でありながら経済運営を社会主義的に行っていたインド等のような巨大な人口を有する国では，政府が強いコントロールを産業界に及ぼす「計画経済」が長い間指針となっていました。しかし，次第にかなりの程度を市場に内在する「メカニズム」に委ねようとする「市場経済」へとドラスティックな投資環境改善への舵を切りました。そして「自由な市場活動」を企業に許容するようになりました。

　他方，欧米そして日本は成熟し，鈍化する経済成長を再度活性化するために，こうした新興国を国際協定の枠組みに取り込んでいこうとしています。すなわち，関税の相互削減，非関税障壁の撤廃，サービス貿易の自由化を含んだ「**自由貿易協定**」（**FTA**），「**経済連携協定**」（**EPA**）などの国際経済協定を積極的に締結し，新興国の成長力を自国の経済停滞を解決する一助としようとしています。この結果，企業の活動はその自由度を増し，**直接投資**（M&A含む），アウトソーシングを拡大させるようになっています。しかし，それは同時に企業が直面する問題の多様性とリスクの複雑性を増すことを意味します。子会社や生産の重要なプロセスを担う契約企業が国境の向こう側に立地することによって，国境の向こう側の政府の政策や非常事態といった危険にさらされることになるわけです。大企業はそれをうまくマネジメントすることにより，世界の成長市場で機会をつかむという効率的な経営を追求しています。ここにおいて重要なテクニックは，グループ内の資源の内部取引を含めて資金，部品原材料，人的資源などを効率化することです。このプラクティスがほとんどグローバル経営と同義となっているともいえます。

I　現状・実態

　世界的な規模の市場経済化やFTAなどのグローバリズムの進展に伴い，競争が激化し，企業（特に製造業）は効率化のためにその経営機能を順次，海外へ移転し，国境をまたいだ分業体制を構築してきました。最も多いのは生産，

特に組み立て工程の分業ですが，最近では部品製造，研究開発，販売，アフターサービス等，より広範で多様な機能の海外移転が進んでいます。これにより本社と子会社の取引パターンも多彩なものとなりました。そのマネジメントも複雑です。こうしたモノ，サービスの国境を越えた**グループ内取引（本社－現地子会社間取引）** は当然のことながら，相対取引としてのカネの決済を伴いますが，いわば「身内の取引」であるため，ここには市場メカニズムは働かず，政策的にその取引数量と価格が決定されます。

　この時の交渉構造を規定するのは親会社と子会社の関係性や支配構造であり，具体的には親会社から子会社への出資比率，子会社の資本構成（親会社が100％出資か，その他の出資パートナー企業がいるか），出資パートナーは親会社と同じ国の企業か，あるいは子会社が立地する現地国であるか，などの点が問題になります。このほか，出資比率が低くても親会社（本社）から子会社（現地法人）へ多額の融資が行われていたりする場合，親会社の子会社に対する支配力は強くなり，親子間の取引を巡る交渉構造に影響を与えることは言うまでもありません。

　この取引において親会社が子会社に供給するのは**技術移転**やブランド，すなわち「知的財産の使用権」，中核部品（親会社だけが製造できる製品の基幹的部品），資金（出資金あるいは融資金）です。これに対して子会社から親会社に対価が支払われます。具体的には①「技術移転の対価の取引」（**技術開示費，ランニングロイヤルティ，商標使用料**），②「部品の内部取引における対価の取引」（部品の供給価格），③「内部金融取引における対価の取引」（出資であれば配当，融資であれば利子）です（**図表11-1**）。この他に「（主に親会社から子会社に対する）要員研修あるいはコンサルティング・サービスにおける対価の取引」も考えられます。これらの内部取引はそれぞれ本社（親会社）あるいは子会社の活動によってもたらされた果実たる経営資源の配分・再配分であり，企業の全体的な効率化を決定づけます。

図表11-1　「本社－現地法人取引関係」を介したグループ内の取引の種類

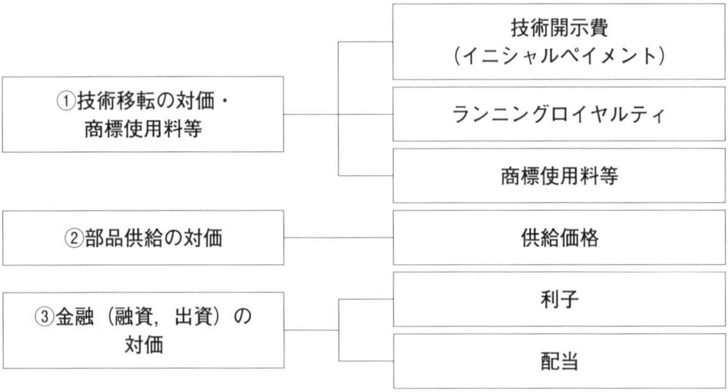

①技術移転の対価・商標使用料等	技術開示費（イニシャルペイメント）
	ランニングロイヤルティ
	商標使用料等
②部品供給の対価	供給価格
③金融（融資，出資）の対価	利子
	配当

出典：小林［1999］の図に加筆。

Ⅱ　分析・評価

　前節の通り，本社と海外子会社間で取引が存在することを前提に，本社と海外子会社間で起こり得る問題について見ていきましょう。

1 本社と海外子会社間の取引の問題

　グローバル化，多国籍化の親会社－子会社関係において最も重要なのが，本社が開発した技術を管理（特許として管理するなど）して直接投資で設立した海外子会社に技術を貸与するという①です（**図表11-2**）。この技術を利用して子会社は製品を製造し，現地市場あるいは第三国市場に製品を供給し，利益を得ます。親会社はその利益から技術開発費を回収し，さらにはそれを補ったのちの収益を得るわけです。この時，子会社が100％出資の完全子会社であればよいですが，子会社が合弁形式であった場合，技術が合弁パートナーに流出するリスクが生じます。合弁契約が終了した後，パートナーはその技術を使ってライバル製品を市場に投入してくるかもしれないのです。

　それを防ぐためには，技術を見えないようにすること，すなわち，本社で技術を含んだ部品を製造し，その部品を子会社に供給することが重要になります。

図表11-2　親会社と海外子会社間の技術移転と対価形式

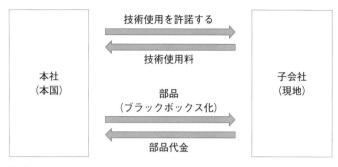

出典：筆者作成。

このことにより子会社には技術の中核的知識が漏れなくなるからです。この場合の親会社が得る対価が部品代金です。しかし，そもそも技術の値付けは難しいです。技術の値段をつけるにあたっては，以下の点が判断材料になります。

　　・当該技術を開発するのに要した費用（コストアプローチ）
　　・当該技術と類似した技術の市場取引価格（マーケットアプローチ）
　　・その技術を用いて将来どれくらいのキャッシュフローが得られるか計算した数字（キャッシュフローアプローチ）

　どれか一つに基づくというよりは3つを考慮して交渉し，決めることになります。しかし，前述したような支配構造にあるため，親会社主導の技術価値，ひいては技術使用料になりやすいとはいえます。

　近年のFTAおよび**世界貿易機関（WTO）**に裏書された標準的な国際通商・投資ルールの浸透に伴って，さらに「本社－海外子会社」の紐帯関係は多様化・高度化しており，技術移転の機能を超えた海外組織も設立されています。子会社としてグループ内部金融専門の機能を集中的に担う金融子会社を税的優遇が享受できる国に地域本社とともに設立する事例も現れています。そもそも，わが国企業の現地法人（海外子会社）は開業期にはもちろんのこと，黒字化し，安定した経営状態に達した後も，子会社独自の資金調達というよりも，かなりの程度，本社あるいは**グループ内部の融資（ICL：Intra-corporate Lending）**に依存しているという現状があります。これに加え，グループ内決済や余裕資

金の子会社間の融通などにおいては為替リスクが伴います。そのリスクに由来する為替差損などの損失を最小限に抑えるなどのためにもこうした金融子会社は多国籍企業にとって有益になっているものです。例えば，アジア地域の子会社を統括する地域本社が設立しやすいシンガポールなどにおいても金融統括地域本社の設立が多くなっています。これら地域本社から各海外現地法人への信用供与が拡大しています。通常の銀行借入とは違って手間のかかる格付等の「審査が不要」であるだけでなく，この他にも「まとまった金額が調達」，「迅速で柔軟な貸付実行」，「安定的，継続的な資金調達」が可能である，というメリットもあるのです。

　ただし，このようなグループ内金融体制を確立できる企業は必ずしも多くありません。多くの企業は依然として親会社のメインバンクである外部の金融機関からの借り入れに頼っています。海外子会社への融資はそのメインバンクの海外支店からの融資実行という形式にはなります。実のところ，メインバンクは親会社の信用力に依存して，融資をしているのです。メインバンクが海外子会社の需要資金をいったん親会社に融資し，親会社が子会社に融資するというやり方も決して珍しくありません。グローバリズムの進展により海外と日本国内の機能分業が進み，親会社を経由しないモノ，サービスの取引の流れが増えている昨今，資金だけが「親会社→子会社」という固定した依存関係であることは非効率であるという意見もありますが，親会社にとってこのような内部金融を促進するメリットとして次のような点を指摘できます。

　その第一はわが国金融市場，資本市場の整備が進む中で本社にとって資金調達の幅が広がり，親会社にとって，子会社に融資するための資金調達が容易になったこと，加えて，わが国の低金利政策により円建て調達が企業にとって有利な状況が長く続いていたことです。円で調達するのは金利コストの抑制というメリットがあります。また，日本国内で一般企業がグループ子会社として金融企業（ノンバンク）を保有することも可能になってからはソニー銀行，イオン銀行，セブン銀行などが設立され，海外子会社に内部金融を行う体制を構築する非金融企業が増えているという実情があります。海外の主要金融地域に統括本社を設置することによって，各地の現地子会社の余裕資金運用などを当該統括本社に集約し，資金効率性が高まり，グループ内金融のメリットが増すの

です。これらの海外金融統括会社は様々な通貨を，実物取引を通じて保有しているため，グループ内の為替リスク耐性も大きくなるというメリットがあります。

　第二は世界的なWTOルールあるいはFTA（自由貿易地域）の浸透により，本邦金融機関の営業規制が海外において緩和され，本邦金融機関の日系企業の現地法人への営業活動が活発になったことです。グループ内金融で対応できない融資案件の場合にも，本邦のメガバンクの支店のある地域で資金調達しやすくなっています。また，本邦金融機関が現地金融機関に出資して子会社化したり，日本企業への融資に関して提携している例もあります。

　第三は各国の政策当局が諸外国と協調したルールづくりを行うことが進展していることです。この結果，規制緩和が進み，海外各国（特に発展途上国）において外資企業の出資制限等が緩和される傾向にあります。一部安全保障や国内保護政策に関連する産業以外の分野では外資企業側が100％出資の形でも海外進出できる条件整備が進んでいます。親会社が100％で子会社を設立できれば，子会社に対する親会社のコントロール力は飛躍的に増します。この結果，リスクコントロール力が高まります。

2　市場経済化政策と工程間分業の問題

　市場経済化が企業経営，とりわけ製造業の直接投資戦略に与える影響は大きいです。とりわけ，人口1億人になろうとしているベトナムの市場経済化は消費市場としての魅力にとどまらず，日本製造業にとって，タイやマレーシアに続く，工程間分業の拠点国としての魅力も大きいといえます。とりわけ，ベトナムのASEAN（東南アジア諸国連盟）加盟（1995年），アメリカとの国交正常化（1995年）は画期となりました。さらに2006年にはWTOに，そして2018年には環太平洋経済連携協定（TPP）への加盟議定書に署名しました。

　このようにベトナムは対外経済関係で相互的なルールを構築したり，既存の国際貿易システムに加盟しながら，国内ルールにおいても外国との協定と整合性がとれるような規制緩和を打ち出し，外資企業に対して魅力のある政策を打ち出していきました。2001年ベトナム共産党政治局は「国際経済統合に関する決議」を行い，2006年に新「企業法」，新「投資法」を施行しました。新投資

法は外資企業にとって好評でした。従来の外資政策のもとでは外資企業と現地企業の共同出資によって設立する合弁子会社において，取締役会の「全会一致」原則が義務付けられていましたが，新しい外資政策のもとではこれが廃止されました。また，原則的に外資側による100％出資の子会社の設立が大幅に緩和されました。

　外資企業はインフラや東南アジアに近い地理的条件を備えた南部ホーチミン市周辺に集中する傾向がありました。既に展開した周辺国での拠点とのサプライチェーンという工程間分業にメリットがあるからです。その後，ベトナム政府が外資企業の北部ハノイ周辺への立地分散を推進したことにより，中国南部にある拠点とのサプライチェーンも視野に入るようになりました。

　北部の投資環境の整備は，具体的には**工業団地**の造成という形で顕在化しました。空港に近いハノイの本格的な大型工業団地，タンロン工業団地の第1期分譲用地は完売（82社入居）。第2期は2007年に着工し2008年に完成しました。この工業団地はベトナムの北部（ハノイを中心とする地域）へ拠点設立を考えている日系企業の進出先として活況を呈するようになりました。「企業所得税3年免税7年半減」等の優遇税制特典に加え，空港に極めて近い場所であり，出張者に便利で半製品の持ち込みや完成品の搬出がより容易になったからです[1]。

　2000年代後半以降になると外資企業の進出が新たな局面を迎えました。「世界の工場」といわれ，多くの工場が集中してきた中国での人件費等製造コストの増加により，中国南部で従来行ってきた労働集約的な製品や汎用品製造の工程の一部をベトナムに移す外国企業の動き[2]が出てきています。いわゆる「**チャイナ・プラス・ワン**」などの動きです。中国−ベトナム間の陸上交通路の整備が進み，2008年からはハノイと中国広州を結ぶ定期便トラックが運航を開始し，日系の物流企業もサービスを開始しました。従来の広州からハイフォン港に運ぶ海上輸送路に加え，陸上輸送というサプライチェーン上の選択肢が増えたことも，中国からベトナムへの生産機能の移転がベトナム北部への直接投資の増加の追い風になったともいえます。

1　タンロン工業団地パンフレット（2010年）。

2　小林［2013］, 6-8頁。

　この時期，ベトナムの日系企業においても**図表11-3**に見られるように中国における既存の生産拠点から部品や原材料の供給を受けたりしており，ベトナム工場は中国工場の第二工場として製品の生産を分担したりする子会社が既に目立ってきていました。

　例えば，**図表11-3**のワイヤーハーネス製造メーカーは1993年に香港で100％出資の営業拠点を設立し，その後，中国・深圳に工場，さらに中国・上海に生産拠点を追加的に設立し，ベトナムでは2006年3月にハノイ工場の設立認可を得て，2007年から操業開始しています。ベトナムに進出している日系メーカーが納入先です。日本からの直接投資についてみれば，2003年頃から1件当たりの額が小さくなる傾向が見られました。大企業以外の中堅中小企業のベトナム進出も拡大したことを示しています。

図表11-3　ベトナムの日系工場の中国生産拠点との関係

業　　種	中国拠点との関連	訪問調査年月
KY社 （自動車用金型製造）	金型の金属材料は日本，韓国，台湾とともに中国から調達。金属材料の調達国は顧客が指定。	2008年3月
A社 （通信機用金型製造）	既に蘇州，深圳，メキシコに生産拠点あり。原材料の金属素材を中国の深圳工場から海上，航空輸送で調達。	2010年2月
BU社 （プリンター製造）	部品を中国やベトナムに立地している日系部品メーカーから調達。高機能の製品製造を中国工場に，汎用品をこのベトナム工場に集約。	2008年3月
F社 （ワイヤーハーネス製造）	香港に販売会社，中国・深圳，上海に生産拠点あり。ベトナムにある日系取引先に供給するために2006年認可，2007年からハノイで生産。	2010年2月

出典：小林［2013］より筆者作成。

　さらに2000年代後半から，日本のソフトウエアハウスなども**オフショア開発**（海外にソフトウエア開発工程の一部を委託すること）のためにベトナムを拠点化し始めました[3]。中国ではもともと日本語を話す人材が多い大連などでオフショア開発の拠点化が行われ，それが上海などへ広がっていましたが，中国の人件費の高まりとともにベトナムをはじめとした東南アジアに移ってきたので

---

3 小林［2014］第8章，168頁。

す。日系企業の集積それ自体が有形無形のメリットにつながるがゆえに，グローバル化の進展は，「工業団地ビジネス」の拡大にもつながったともいえます。日本国内の取引関係，すなわち国内のサプライチェーンをそのまま進出国に移植するがごとく，取引先同士が進出国先で工業団地の中で至近距離に立地すれば極めて効率的です。また，工業団地内の企業との取引は同じ日本ビジネス文化のもとでコミュニケーションができる無形のメリットが享受できます。

　その初期の成功例としては，三菱商事等が関与したフィリピン・ルソン島南部のラグナ・テクノパーク工業団地，住友商事によるファースト・フィリピン

工業団地，日本の官民共同で推進した中国・大連市の大連工業団地，伊藤忠商事によるインドネシアのカラワン工業団地，丸紅によるインドネシアのMM2100工業団地が下られます。ベトナムで代表的なものには野村證券等が関与した1996年の野村ハイフォン工業団地，住友商事が関与したタンロン工業団地があります。

東南アジアの工業団地に見られる中小企業用レンタル工場
出典：筆者撮影

3 ｜ 海外拠点の人的問題

　第三は人的資源に関わる問題です。**図表11-4**は筆者が当時，訪問してインタビューを行った結果を整理したものです。日系企業は概ねベトナム人従業員の勤労態度については高い評価を与えています。他方で昇給やボーナス，昇格など人事給与システムに対する理解がなかなか得られないで苦労しているという状況があります。また，進出が相次ぐようになった2010年代初頭になると優秀な人材への求人待遇が良くなり，離職率の高さに外資企業は悩まされるようになっていたのです。

　ベトナムの発展と人的資源の高度化（大卒者の増加等）により，人事や給与に対する不満も顕在化するようになりました。日系企業はこの時期，工場現場などで待遇改善などを求めるストライキも増えています（**図表11-5**）。これは

日本流の賃金・昇進システムがベトナムの労働市場では「硬直的」と見られ，提供した労働の価値と見合わないと評価され始めた証左ともいえます。その後の2010年代末になるとストライキ件数は徐々に減少しますが，経済発展著しく，若い労働力が多いベトナムでは何もかもが速いスピードで変化しています。20

図表11-4　2000年代のベトナム進出日系工場の人的資源上の特徴

日系企業（製品）	勤労態度	賃金	雇用・定着率	留意点・対応策
SA社 （エンジンカバー）	ワーカークラスは器用，真面目，努力家が多い。本社への派遣研修を導入。 管理職クラスの育成が急務。	一律平等の社会主義時代の残滓で従業員は社員間の賃金格差に固執。 ワーカーには能力給制度を適用。	ワーカークラスの募集は容易。 ワーカークラスの8割は試用期間1年の後，本採用。	福利厚生に力を入れる。
SU社 （ヘッドランプ）	末端レベルまで努力家が多い。 現地スタッフによる運営レベルの現地化は可能。 日常の問題解決は現地スタッフが処理。	賃金体系は社員が納得できるまで説明する。	重大な違反行為以外，解雇しない。 短期的な業績悪化や失敗では解雇はしない。 ワーカーも大卒技術者も定着率は高い。	労働争議や住民反対運動に注意。そのため福利厚生に注力。地域での評判も大事※。 「知識よりも愚直な努力を評価する」などの職場の「イズム」の定着が重要。定着に3年を要した。
TO社 （産業カメラ）	ワーカーレベルは勤勉，優秀。性格も穏やかでよいが，提案力不足。 中間管理職が育たない。	経験・年齢が同じ従業員の給与は大体同じ。	低評価では解雇しない。 優秀な大卒エンジニアの採用が困難。採用後もなかなか定着しない。 引き留めるには給与アップと研修が必要。	組合以外からも突然労働条件改善要求が来る。
PE社 （光学機械）	社会主義時代の名残で指示されたこと以外しない。 人材育成と組織整備が操業拡大に追いついていない。 大卒社員の能力に疑問があり，採用中断。	社会主義的平等主義の名残で能力給が理解されにくいが，ワーカー全員納得の賃金体系を作る。	専門技能工がすぐ離職することもあるが，定着率としては約95％。	QCサークル活動の導入。目標管理などの人事システム構築が必要。 アシスタントマネジャーを人材育成の中心とする。 人材育成に関する日本側の意識改革も重要。

注：他社が工業団地に立地する中，この会社の工場は一般の住宅地の中に立地しているという特徴がある。これは土地レンタル費用が低廉であったためという（2007年8月，筆者インタビュー）。
出典：専修大学中小企業センター調査団（大西勝明，荒井久夫，小林守）（2006年8月，2007年3月および8月，2008年3月および8月）による現地インタビューを筆者整理。

図表11-5 ベトナムにおけるストライキ件数の推移

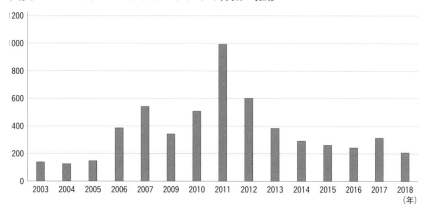

出典：Vietnam "Lao Dong" website（2008年7月閲覧）および上田（2022）9頁より筆者作成。

年も30年も停滞し，実質賃金が上がらない日本の「時間の感覚」では対応できなくなっているのかもしれません。

Ⅲ 対応策・提言

　現代はマクロの地政学リスクとミクロの進出先のカントリーリスク双方が海外事業に影響する時代です。そしてそれらに関する情報も虚実入り混じって，スマートフォンを通じて容易に手に入る時代です。こうした情報にビジネスが影響されています。いつまでも日本の成功体験やこれまでの国際環境で通用した日本流が当たり前であるとして，現地のオペレーションを続けていくことにはリスクがあるでしょう。

　新興国の市場経済化がこれまで通り不可逆的に進展するという前提で，企業は国外に拠点を設け，それを結節点として工程間分業態勢を整え，サプライチェーンを構築していますが，ロシアのウクライナ侵攻，中国政府の企業活動への介入度の高まり，など市場経済化が逆に阻害されたり，むしろ後退しているように見える状況も顕在化してきました。こうした地政学リスクに対応するためには国外にサプライチェーンを依存する割合に一定の上限を設けることを考

える必要があると考えます。

　また，ミクロ的な現地のカントリーリスクに対応するためには駐在員から一次情報を絶えず入手し，本社で分析するシンクタンク機能を持つことが必要でしょう。この場合，駐在員が現地の同じ日系企業との人脈を生かし，日本人社会から得た情報も日本企業の視点からの情報として大事ですが，それだけではリスク対応のための情報収集として不十分です。現地語で発信される情報を摑まえられないからです。現地社員の中から情報収集担当の専門員を育てるか，本社で現地語や現地文化などに精通した人材を採用し，現地に駐在員として派遣し，現地社会と深く交わることを業務とすべきと考えます。

おわりに

　現代のグローバリズムは，1990年代にかつて社会主義や計画経済であり，外国企業が簡単に市場に参入できなかった国々が，経済運営をより自由な「市場経済」へ舵を切ったことから始まりました。これを，WTOをはじめとする経済の世界共通ルールが下支えし，国境を越えた自由な市場活動が「可能になる」と信じられるようになったのです。これは経済活動の機会を広く人々にもたらすことになり，世界の経済問題を解決するように期待されました。

　しかし，実際は資金や人の移動の自由は新たな貧富の差，環境問題の悪化をもたらしています。この結果，市場経済活動に規制をかける措置，すなわち自国の国益を最優先し，他国企業などを排除する政府の経済介入が見られるようになりました。これも合理的な説明がアナウンスされるならば企業も準備ができるのですが，恣意的でご都合主義的な急な政策変更や制度の恣意的な運用なども見られるようになりました。政治問題のツールとして経済ルールが一方的にねじ曲げられているように見える例もあります。せっかく海外拠点を作っても，ビザが停止されて，人員を送れなくなったり，税関が機能しなくなって，海外工場から品物が入らなかったりすることも現実に起こっています。経済的には非合理的ですが，政治的な目的のためには必要ということなのです。こうした状況では国際協定は無力です。今後は一層，各企業の日頃からの**リスクアセスメント**が求められるようになっていくでしょう。

参考文献

上田和勇，小林守，田畠真弓，池部亮編著［2022］『わかりあえる経営力＝異文化マネジメントを学ぶ』
　　同文舘出版。

大西勝明編著［2014］『日本産業のグローバル化とアジア』文理閣。

小林守［1999］「海外事業における利益回収問題」『アジア経営学会報』第5号。

小林守［2013］「ベトナムの投資環境と日系企業の操業動向」『専修ビジネスレビュー』第8巻第1号，
　　専修大学商学研究所。

小林守［2014］「ベトナムの投資環境への視角—日系企業の進出動向とローカル企業の現状及び課題」
　　大西勝明編著『日本産業のグローバル化とアジア』文理閣。

タンロン工業団地パンフレット（2010年）

Vietnam "Lao Dong" website（2008年7月閲覧）

グローバル・ビジネスにおける
Well-beingカンパニーの事例と示唆

はじめに

　本書の第1章において，社員の健康とWell-beingの視点から，（1）健康経営の現状と課題，（2）Well-being経営の分析・評価と事例，（3）Well-being経営による人的資産のマネジメント・プロセスの提言などについて検討してきました。終章ではグローバル・ビジネスにおけるWell-being経営の事例について検討します。最後に各事例におけるWell-being経営要因の共通項について注目し，それをグローバル・ビジネスにおけるWell-being経営の本質と捉え，日本企業全般への示唆を浮き彫りにします。

Well-being経営の構成要因の体系化

　社員の幸福感を向上させるには，何らかの施策が必要です。この視点からいくつかの企業の事例を見ていくと，Well-being経営達成の施策要因には経済的，物理的，時間的要因などに関わるハード要因と，社員の心理，モチベーション，経営者との信頼，教育・研修，成長などに関わるソフト要因とがあることがわかります（**図表終-1**）。

　図表終-1のWell-being経営達成の施策要因はその一例であり，今後，企業のマクロ環境における変化などにより新たな施策要因が出てくるかもしれません。またハード要因，ソフト要因いずれも経営者の価値観，その国の規制や法律，国や国民の労働に対する価値観，国の文化，労働習慣他に影響を受けます。したがって日本企業のWell-being経営を進める上で最も重要なのは，そうした環境下でいかにして社員の幸福ファーストの経営理念を具現化していくかという経営者の実行力です。この点，第1章で検討した三谷産業の代表三谷忠照は4代目

の若手社長ですが，その実行力は高く評価できます。

図表終-1　Well-being経営の構成要因の体系

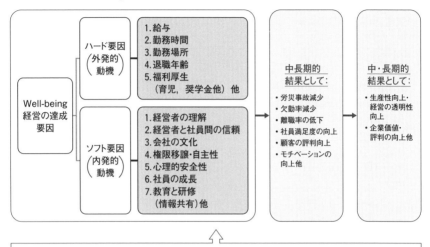

出典：筆者作成。

1 ユニリーバ・ジャパンのWell-being経営の構成要因の分析

　ラックス，ダブなどのパーソナルケア商品を扱う世界最大級の消費財メーカーであるユニリーバ・ジャパンも社員のWell-being優先の経営を志向している企業です。日本法人は1964年創業で，最近ではWell-being経営に関わる施策を実施しています。同社のWell-being経営の達成要因を示したのが**図表終-2**です。

　経営理念とともに3つの視点，すなわち「社員への貢献」，「企業価値への貢献」，「社会への貢献」などの視点からユニリーバ・ジャパンのWell-being経営の実態とその生産性や社員のモチベーションへの効果を検討します。

（1）経営理念

　同社の経営理念は「社員がよりいきいきと働き，健康で，それぞれのライフスタイルを継続して楽しみ，豊かな人生を送る」であり，まさに社員ファーストの考えが経営理念として表明されています。

図表終-2　ユニリーバ・ジャパンのWell-being経営の達成要因

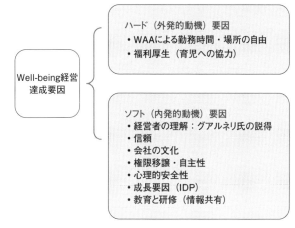

出典：やつづか［2019］の資料を参考に筆者作成。

（2）社員への貢献

①WAA（Work from Anywhere and Anytime）

　WAA（Work from Anywhere and Anytime，ワー）とは，社員による働く場所と時間の自由選択制度です。上司に申請すれば働く場所については理由を問わず，会社以外の場所でも勤務できます。現在，92％の社員がこの制度を採用しているとのことです。また，残業時間の制限も設けています。

　約3年前からの新型コロナの影響により，在宅勤務を余儀なくされる企業が多くなりましたが，ユニリーバ・ジャパンは既に今から6年前の2016年からWAAを導入しています。WAA導入の経緯は2014年，世界各国の同社での勤務経験を経て日本に赴任した当時の社長グアルネリ氏が日本人の働き方に疑問を持ち，家族や自由時間の大切さを説いて回ったのが契機といわれています。業績向上と幸福度，自由度の向上の双方を上げる考えを持っていたグアルネリ氏の影響は大きく，その考えをもとに取締役，人事総務部長がWAAを発案し，指導したとのことです[1]。

　こうした制度の導入には社員と経営幹部との信頼関係の存在が必須であり，

---

1 やつづか［2019］，35頁参照。

双方の信頼関係がある中で部下への権限移譲も生まれ，同時に社員には信頼されているという心理的安全性の中で自主的な行動・工夫が生まれます。同社では社長のいい影響とともに，信頼，権限移譲，心理的安全性などの諸要因が，こうした制度を誕生させたといえます。

②インディビジュアル・ディベロップメント・プラン（IDP）

　2015年からの「インディビジュアル・ディベロップメント・プラン（IDP）」は，社員に「人生で何を成し遂げたいのか，人生の目的は何か。5年後・10年後，自分は何をやっていたいか，それに向けて今何をするのかを一人ひとりに考えてもらう制度」です。会社の目標達成だけではなく，「人生で成し遂げたいこと」も明確にした上で，ディベロップメントのプランを立て，日々の業務に落とし込むものです。社員が自分らしい人生を送りながら成長をしていくことを目的とし，現在，力を入れている取り組みを考える制度とのことです。

　この制度は本書第1章で見たWell-being経営の近年のルーツの一つである伊那食品工業・塚越氏の「会社の成長は社員の成長と連動していること」という思想と同じといえます。こうした施策は会社での行動を通じ自分自身が成長，そしてその結果としてWell-being状態を生むものとして評価できます。

（3）企業価値への貢献[2]

　WAA実施者の割合は2016年導入3か月後88％，6か月後89％，10か月後91％で，どの程度の頻度でWAAを採用しているかは月に1〜2回が4割程度，週に1〜2回が2割程度です。

　この制度の利用により社員の生産性やモチベーションの向上の他にどのような変化をもたらしているのかについて，同社では社員に定期的にアンケート調査を行い，諸制度の社員への効果，そして会社全体の生産性への影響を社員本人の感覚値で測定しているとのことです。Well-beingの測定を感覚値で測ることは，生の声を社員から聞けるという点でも有効な方法といえます。

　この制度の効果に関する会社全体の数字としては下記の通りです（**図表終-3**）。

---

2 ここでの検討は主にやつづか［2019］の資料を参考にしている。

・「新しい働き方により，毎日が良くなった」という回答は67％の社員から，また「生産性が上がった」という回答[3]は75％の社員から得ている。

・WAA導入後，「労働時間が短くなった」と感じている社員が全体の4分の1を占め，実際の残業時間も平均10〜15％削減。

図表終-3　ユニリーバ・ジャパンのWell-being経営の達成要因とその効果

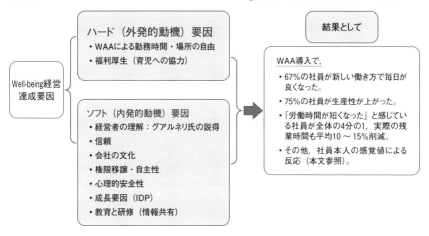

ハード（外発的動機）要因
・WAAによる勤務時間・場所の自由
・福利厚生（育児への協力）

結果として

Well-being経営達成要因

ソフト（内発的動機）要因
・経営者の理解：グアルネリ氏の説得
・信頼
・会社の文化
・権限移譲・自主性
・心理的安全性
・成長要因（IDP）
・教育と研修（情報共有）

WAA導入で，
・67％の社員が新しい働き方で毎日が良くなった。
・75％の社員が生産性が上がった。
・「労働時間が短くなった」と感じている社員が全体の4分の1，実際の残業時間も平均10〜15％削減。
・その他，社員本人の感覚値による反応（本文参照）。

出典：やつづか［2019］の資料を参考に筆者作成。

　WAA導入の主導的役割を果たした島田氏は，生産性評価に関して会社目線からの「アウトプットをインプットで割ったものが生産性」という考え方に疑問を持ち，「アウトプットを生み出すのに大きな役割を果たすインプットとは，社員自身であり，その社員自身がどんな気持ちや健康状態で仕事をしているのかといったことに，もっと注目すべき」という趣旨のことを述べています。こうした考えはWell-being経営の本質をついており，「WAAを導入してからも業績は下がっていないのだから大成功」と断言している[4]点も見逃せません。

---

3 この測定法は「WAA導入前を50とした時に，今のあなたの生産性は0〜100のどこですか？　数字を入れてください」という質問をして，その結果50よりも大きい値を回答した人が75％である。平均は66で，これを50で割って30％生産性が上がったと解釈している。

4 やつづか［2019］，37-38頁参照。

（4）社会への貢献

　同社は2010年に「ユニバーサル・サステナブル・リビングプラン（USLP）」
を策定し，次のような成果を上げていることを開示しています[5]。

・消費者の製品使用1回当たりの廃棄物量を32％削減した。また，世界中の全
　ての工場で埋め立て廃棄物ゼロを達成した。

・自社工場からの温室効果ガスの排出量を50％削減した。また，世界中の全て
　の工場で，電力系統から購入する電力を100％再生可能エネルギーに切り替
　えた。

・加糖の茶飲料から砂糖を23％減らした。また，食品ポートフォリオの56％が
　最も高い栄養基準を満たしている。

・234万人の女性が，安全の向上，スキルの向上，機会の拡大を目的としたイ
　ニシアチブを利用できるようにした。また，ジェンダーバランスのとれた職
　場を目指し，女性管理職比率が51％となった。

（5）情報開示

　上記の諸活動は同社のアニュアルレポート，ウェブサイトなどの多様な媒体
で開示されています。

② イケア・ジャパンのWell-being経営の構成要因の分析[6]

　1943年創業のスウェーデン発祥のイケア（IKEA）は現在，世界最大の家具
小売業で，日本には2002年に再進出をしています。

（1）企業理念

　同社のユニークな点は，会社全体の企業理念とともに，「人事理念」を設定し，
社員の成長と利害関係者の快適な毎日を作り出すという企業理念とを連動させ
ている点です。

・ビジネス理念「より快適な毎日を，より多くの方々に」

・人事理念「真摯で前向きな方に，プロフェッショナルとして，人間として，

---

5 「ユニリーバ・サステナブル・リビング・プラン 10年の進捗」『Unilever』
6 加護野ほか［2015］第2章参照。

成長する機会を提供すること。そして社員全員が協力して、お客様はもちろん自分たちのためにも、より快適な毎日を創り出すこと」

（2）社員への貢献

①Development talk：年に最低2回、マネジャーと社員とが1～2時間、今後の個人と会社の成長について話し合う。

②自店舗の運営会議に積極的に参加することがパートタイマーとフルタイマーにかかわらず求められる。

③Open Ikeaと呼ばれる社内公募に誰でも応募できる。この制度は空きポジションがあった場合、社内公募で世界中の空きポジションに応募できる制度。

④フルタイムとパートタイムの区別を2014年から原則廃止。また両者の能力と成果が平等に評価される「同一労働・同一賃金」を実現させている。

福利厚生も全てのコワーカーにおいて共通であり、全員が正社員として無期雇用契約を結んでいる。全てのコワーカーと、長期的な信頼関係を築くことが目的で、安心して長く働けるからこそ、様々なチャレンジを経て経験を積み、成長できるという考え方に基づいている。

⑤グローバルな研修（国をまたいで研修）、バックパッカー制度（1年に2か国を訪問し半年間のプロジェクトに参加）。

⑥有望な若手の早い段階からの採用。

（3）企業価値への貢献―サプライヤーとの関係構築が成長戦略の根幹

イケアの価値観を理解する優良なサプライヤーと、IWAYと呼ばれる指針での関係構築を目指しています。IWAYは法令順守、環境保護基準、基本的人権の尊重、労働環境の整備などからなり、サプライヤーに特別な努力を強いるものはありません。逆にサプライヤーがイケアに期待する項目もあります。各サプライヤーと個人的な関係を構築し、その関係に基づいてサプライヤーの成長をサポートする役割も担っています。

このように同社は社員のみならずサプライヤーという重要な利害関係者の成長も視野に入れた活動をしています。サプライヤーのWell-beingの醸成を実施している点はユニークであり、非常に効果的な対応といえるでしょう。

イケアの女性管理職の割合は2021年に51パーセントであり，風通しのいい会社，働きがいのある会社に関する2018年の評価では8位です[7]。

（4）社会への貢献
　IKEA Foundationは，貧困の中で暮らす家族がよりよい生活を送り，気候変動に立ち向かうことを支援する助成金プログラムを提供しています。
　貧困の中で暮らす家族には，経済的な安定と健全な環境が必要であるという考えで，家族の所得状況を改善するための支援を提供し，互いに協力して地球を守るための取り組みを行っています。

（5）情報開示
　アニュアルレポート他での開示を行っています。また「サステナビリティレポート FY21」と，気候変動への戦略と取り組みをまとめた「クライメートレ

図表終-4　イケア・ジャパンのWell-being経営の達成要因

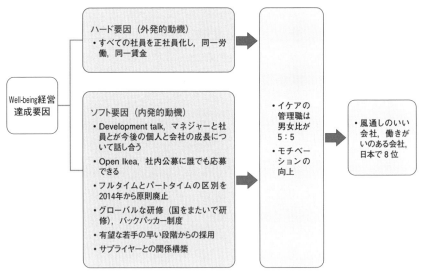

出典：加護野ほか［2015］，イケア公式ウェブサイト参考に筆者作成。

---

7 GPTWジャパンおよびイケア公式ウェブサイト。

ポート」を，2022年6月に公開しています。

図表終-4はイケア・ジャパンのWell-being経営の達成要因を体系化したものです。ただし，会社への貢献に関するエビデンスに関しては有用なデータが不足しており，今後の分析上の課題といえます。

３ ムーンファクトリーのWell-being経営の構成要因の分析

（１）ムーンファクトリーの概要と経営理念

社員46名のIT企業ムーンファクトリーのWell-being経営については，先に検討したユニリーバ・ジャパンやイケア・ジャパンの大手企業とは異なり，直接，同社のCEOである梅澤元彦氏にインタビューする機会ができましたので，その内容を中心に前者のアプローチに沿ってWell-being経営の事例として検討します。

ムーンファクトリーはWEBサイトやアプリの制作を中心に，デザイン，システム構築，プロモーションなど，幅広い分野をサポートするITサービス提供会社で，1996年に創業，26年の歴史があります。IT分野の成長著しいベトナムのホーチミンにも2017年に進出，グローバルなデジタルトレンドの最先端を届ける体制を作っています。

梅澤氏はWell-being経営との関連で同社の経営理念（「ムーンファクトリーにかかわる，すべての人をしあわせにし，あまねく世界をしあわせにする」）について次のように語っています。

「会社の理念である『あまねく世界をしあわせにする』ためには，まずは自分たちが幸せでなければならないという考えが基本にあります。まずは社員の幸福，その家族の幸福，お客さま，パートナーさん，そしてその先へと，順番にまずは身近なところから幸せの波を届けていく存在としてムーンファクトリーはありたいと思っています。

そして私たちはITのエキスパートでもあります。今日よりも少しだけ良い明日をITを使って私たちは作り出すことができます。日々私たちがそういう意識で仕事をすることで，この世界は少しずつ澄み渡っていくのです。世界が澄み渡って，誰もがしあわせだなと思える世界をムーンの社員みんなで作り出していきたい。そしてその喜びを，社員みんなで共有していきたい。そんな思

いでこの会社を動かしています」。

（2）社員への貢献
①夏のサムシングニューキャンペーン
　毎年夏休み前に，何か自分にとっての新しいチャレンジを一つ決めて実行するキャンペーンです。エントリーした社員にはAmazonギフト券を10,000円分プレゼント。キャンペーン終了後に，どんなチャレンジをしたかを朝のミーティング時に発表します。社員の成長を促す試みといえ，それが本業へのアイデアやモチベーションアップにつながるといえます。

②社員持ち回りでの「労務管理委員会」の設置
　社員持ち回りで「労務管理委員会」を設置し，社員の目線で働きやすい規定を策定し運用するようにしています。これによって会社からの一方的な指導ではなく，自発的にどのような仕組みがベストなのかを社員同士で考え，それを実践するという良い循環が生まれているとのことです。

③育児ルームの設置
　働くお母さんが多いこともあり（社員の男女比率50：50），オフィスの中に育児ルームを設けています。子ども連れで出社した時はこの部屋で子どもと一緒に仕事ができる環境を整えています。共働きの夫婦が多くなる中，また保育園への入園が難しい状況もある中，たとえ入園していたとしても何らかの都合で子どもと会社に一緒に行き，可能な範囲で子どもをケアしながら仕事ができる環境を整備している点は社員にとり，非常に好ましい環境です。

④フリーエリア
　ランチタイムや休息時間にリラックスできるフリーエリアが数カ所準備されています。

⑤社食選手権
　ユニークなインスタント食品支給の制度があります。定期的に社員が投票を

行い，人気のあったものを入れ替えて支給します。大企業のように立派な食堂を作る代わりに，社員にとってうれしいこうした小さな工夫をしています。

（3）会社と社員の成長への貢献

　この点に関しては直接，梅澤氏に「創造力発揮の工夫などの面での具体的な施策」などについて直接お聞きすることができました。下記がその施策に関する回答内容です。

①ムーンキャリア

　ムーンファクトリー独自のキャリアアップ制度で，「New Moon」のクラスからスタートし，それぞれのクラスごとに求められるスキルと目標が設定されます。毎年4月に社員は自分のクラスに応じた「キャリアシート」を提出し，具体的なゴールを設定してその到達度を年度末に確認します。同社のこの制度は，社員に成長を求めながら会社への貢献を目指す制度ともいえます。

②未来道具補助制度

　「あたらしい発想や技術に常に興味を持ち，それらを率先して使ってみることで常に一歩先をいく人になること」を目的として，全社員を対象に個人で購入する電子機器やソフトウエアなど（例えばPC，タブレット他の関連製品）の購入時に，金額の1/3を会社が補助する制度があります。最新の技術に日常から触れることの大切さをこれで説いています。

③新規事業開発プロジェクト

　「将来のムーンファクトリーの姿はスタッフ全員が参加しながら創っていくもの」という考えのもとに，将来的な成長が見込めるプロジェクトを全社を挙げて支援するとともに，ムーンファクトリーを新たな成長軌道に乗せていくことを目的として，Newビジネスのアイデアのプレゼンテーションを全社員から定期的に実施しています。「こんな仕事をしたい」，「ITを使った地域振興をしたい」など，今の事業にとらわれない自由な発想で毎回面白いアイデアが出てきているとのことで，現在（2022年）は3つのプロジェクトが進行中です。

こうした施策も，社員に夢の実現と成長を促す施策といえます。

（4）社会への貢献
①他組織との連携（NPO，財団等とのコラボ，プロボノ）

　梅澤氏はいくつかのNPO，例えば18歳までの子どものヘルプラインである「チャイルドライン」や，病児を持つ家族を支援する「キープ・ママ・スマイリング」などのNPO団体を日常的にサポートし，社員にも数多くある社会問題への気づきを促し，またそれらに対する支援を行っています。

　また，東日本大震災の復興支援は現在も引き続き現地の人々と続いており，他にも全国社会福祉協議会の「広がれボランティアの輪」に所属するNPO，NGO，財団の人々へのプロボノ活動など，社会支援については意識することなく日常の中で実践しているとのことです。

②SDGsについて

　この点については梅澤氏は次のように語っています。

　「あえてわが社からはSDGsに準じた活動を大々的に表に出すことはしていないが，社内スタッフにはSDGsの本質は何かということの指導はしています。SDGsがあるから世の中のために良いことをするのでなく，あくまで

図表終-5　ムーンファクトリーのWell-being経営の達成要因

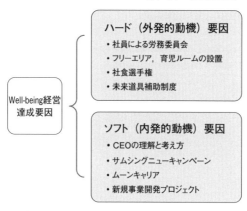

出典：梅澤氏とのインタビュー他を参考に筆者作成。

もSDGsは今まで私たちがやってきたことに付加された新たな指針なのだという意識。私の願いは，まず一番の根底に「人権」と「多様性の尊重」の2つをしっかりと持ってもらい，それを基本として自主的に社会貢献ができる人になってもらいたいということです」。

おわりに

終章で事例として検討した3社（ユニリーバ・ジャパン，イケア・ジャパン，ムーンファクトリー）と第1章で検討した三谷産業は業種，規模が異なりますが，Well-being経営の共通項についてわかったこと，そして今後Well-being経営を志向する多くのグローバル企業への示唆を以下，まとめてみます。

① 　Company Well-being指標を設定し，時系列的に評価することは，今後のWell-being経営の在り方の一つとして有用なものです。現段階では測定が不十分な状況もありますが，他社も参考にすべき試みです。
② 　Well-being経営を構成する要因はハード要因とソフト要因に便宜上，分類できますが，ソフト要因における各社の工夫が他社との差別的要因になりうるとともに，自社の評判や無形価値を向上させる要因にもなります。
③ 　ソフト要因については，ここで取り上げた事例では社員の成長，特に人間としての成長を期待している会社，そして社員のみならずサプライヤーの成長をも期待している会社もありました。こうした試みは，第1章でも触れましたが伊那食品工業の経営理念や経営者である塚越氏の経営哲学と共通する点で，それが最近のWell-being経営でも実現されています。
④ 　ソフト要因のうち，社員の自発的言動と自由な発想についても促進されていました。これは社員のモチベーション向上および今後の商品やサービスのイノベーション開発に結びつくことが考えられます。
⑤ 　Well-being経営の効果測定について，社員本人の感覚値を重視するという事例があり，生の声を社員から聞けるという点で，言い換えれば生産性を上げる主人公としての社員の心の状態を重視し，それを確認しようとしている

点で重要な指標です。

主要参考文献

上田和勇編著［2022］『復元力と幸福経営を生むリスクマネジメント』同文舘出版。

小野浩［2019］「働く質を高めるための基礎条件―事例研究からの示唆」『日本労働　研究雑誌』No.706，28-41頁。

加護野忠雄，山田幸三，長本英杜［2015］『スウェーデン流グローバル戦略』中央経済社。

ジェローム・シュシャン［2016］『ターゲット：ゴディバはなぜ売上2倍を5年間で達成したのか』高橋書店。

ジェローム・シュシャン［2019］『働くことを楽しもう』徳間書店。

やつづかかえり［2019］『本気で社員を幸せにする会社』日本実業出版社。

『朝日新聞』2022年5月23日夕刊記事「Another Note.」

『朝日新聞デジタル』2021年2月2日「金沢の商社，定年退職を事実上廃止へ　2度目の退職金も」https://www.asahi.com/articles/ASP223FPWP21ULFA02W.html

『coki』2022年8月10日「SDGs・ESGではない独自指標を掲げる，北陸の良い会社」https://coki.jp/sustainable/public-interest-capitalism/20602/

『Unilever』2020年5月6日「ユニリーバ・サステナブル・リビング・プラン10年の進捗」https://www.unilever.co.jp/news/press-releases/2020/unilever-celebrates-10-years-of-the-sustainable-living-plan/

GPTWジャパンウェブサイト「働きがいのある会社」　https://hatarakigai.info/ranking/japan/2018.html〔2023年2月24日閲覧〕

IKEA公式ウェブサイト「誰もが平等に暮らせる毎日を」https://www.ikea.com/jp/ja/this-is-ikea/about-us/equality-at-home-and-work-pub2f94be30〔2023年2月24日閲覧〕

索 引

執筆者紹介（執筆章順）

【序，1・終章】

上田和勇（専修大学名誉教授，日本リスクマネジメント学会理事長，ソーシャル・リスクマネジメント学会理事長，商学博士（早稲田大学））

早稲田大学商学部卒業，早稲田大学大学院商学研究科修士課程・博士課程単位取得。1974〜76年安田火災海上保険勤務後，専修大学助手，同大学助教授，同大学教授を経て2021年3月より現在に至る。専門はリスクマネジメント論，保険論，企業倫理，レジリエンス，Well-being経営の研究。

【2・6・11章】

小林　守（専修大学商学部教授，同キャリアデザインセンター長）

一橋大学社会学部卒業，国際大学大学院修士課程修了（MBA），早稲田大学大学院商学研究科博士課程単位取得退学。海外経済協力基金（現・国際協力機構），三菱総合研究所（香港首席駐在員，アジア研究室長等を歴任）にて海外インフラプロジェクト，調査・コンサルティングを多数経験。専門は国際経営，プロジェクトマネジメント。

【3章】

髙野仁一（高野国際会計事務所代表，米国公認会計士（カリフォルニア州），博士（商学，専修大学））

中央大学商学部会計学科卒業，中央大学大学院経済学研究科修士課程修了，東京国際大学大学院商学研究科博士前期課程修了，専修大学大学院商学研究科博士後期課程修了。日本国内の税理士事務所，日系上場企業及び米国上場企業の日本法人に勤務の後，渡米，プライスウォーターハウス会計事務所（米国）等に勤務。帰国後，外資系グローバル企業に勤務し，アジア太平洋地域担当の最高経理財務責任者として中国，香港，シンガポール，韓国，台湾，オーストラリア及びインドを中心に活動。税理士。

【4章】

岩坂健志（新潟食料農業大学教授／株式会社未来思考代表取締役，博士（学術，東京工業大学））

上智大学法学部卒業、東北大学大学院修士課程、東京工業大学大学院博士課程修了。興亜火災海上保険株式会社（現・損害保険ジャパン株式会社）で、営業、財務部門、ニューヨーク駐在、ロンドン駐在、経営企画などを歴任。その後ベンチャー企業への転職を経て現職。専門分野は金融論、企業経営、リスクマネジメント、企業の社会的責任（CSR）。

【7・8章】

田畠真弓（専修大学商学部教授，博士（社会学，国立台湾大学））

2007年国立台湾大学大学院社会学研究所博士後期課程修了。台湾中央研究院社会学研究所ポストドクター研究員，台湾国立大学東華大学社会学系（学部）副教授（准教授），台湾国立台北大学社会学系（学部）副教授（准教授），を経て2019年3月より現職に至る。専門は多国籍企業論，経済社会学，グローバル生産ネットワーク，東アジア資本主義等。

【5章】

池部　亮（専修大学商学部教授，博士（経済学，福井県立大学））

明治学院大学国際学部卒業，青山学院大学大学院国際政治経済学研究科修士課程修了。日本貿易振興会（現・日本貿易振興機構（ジェトロ）），ジェトロ・ハノイ事務所，ジェトロ広州事務所副所長，福井県立大学地域経済研究所准教授，ジェトロ海外調査部アジア大洋州課長，専修大学商学部准教授を経て2021年4月より現職。専門はアジアにおけるサプライチェーン，国際関係論。

【9章】

小林　慧（総合旅行業務取扱管理者）

創価大学法学部卒業。これまで台湾や香港の他，チベット自治区や新疆ウイグル自治区など中国本土各地，韓国，マレーシアやベトナム，カンボジア，タイなどASEAN各国を訪問。特に国立台湾大学への交換留学（1年間），2度にわたる香港大学への短期留学，旅行会社への勤務の経験から，中華圏のインフラやビジネス，観光・旅行業に関心を持ち，北京語や広東語を活かして，専門書へのアジア関係のコラム執筆や大学研究者の現地調査のサポート等を行っている。

【10章】

助川成也（国士舘大学政経学部教授／泰日工業大学経営学部客員教授、博士（経済学，九州大学））

九州大学大学院経済学府経済学研究科博士課程修了。日本貿易振興会（現・日本貿易振興機構（ジェトロ））経済情報部国際経済課，バンコク事務所（対タイ投資促進担当），海外調査部アジア大洋州課・課長代理，バンコク事務所次長・主任調査研究員（アジア），企画部・海外地域戦略主幹（ASEAN），国士舘大学政経学部准教授を経て2020年4月より現職。日・タイ経済協力協会（JTECS）理事。専門分野はASEAN経済，タイ経済，FTA／EPA，国際経済。

2023年3月30日　　初版発行　　　　　略称：リスク視点グローバル

リスクマネジメント視点のグローバル経営
—日本とアジアの関係から—

編著者	©上　田　和　勇
発行者	中　島　豊　彦

発行所　同　文　舘　出　版　株　式　会　社

東京都千代田区神田神保町1-41　　　　〒101-0051
営業(03)3294-1801　　　　編集(03)3294-1803
振替 00100-8-42935　　　http://www.dobunkan.co.jp

Printed in Japan 2023

製版：一企画
印刷・製本：三美印刷
装丁：オセロ

ISBN978-4-495-39074-7